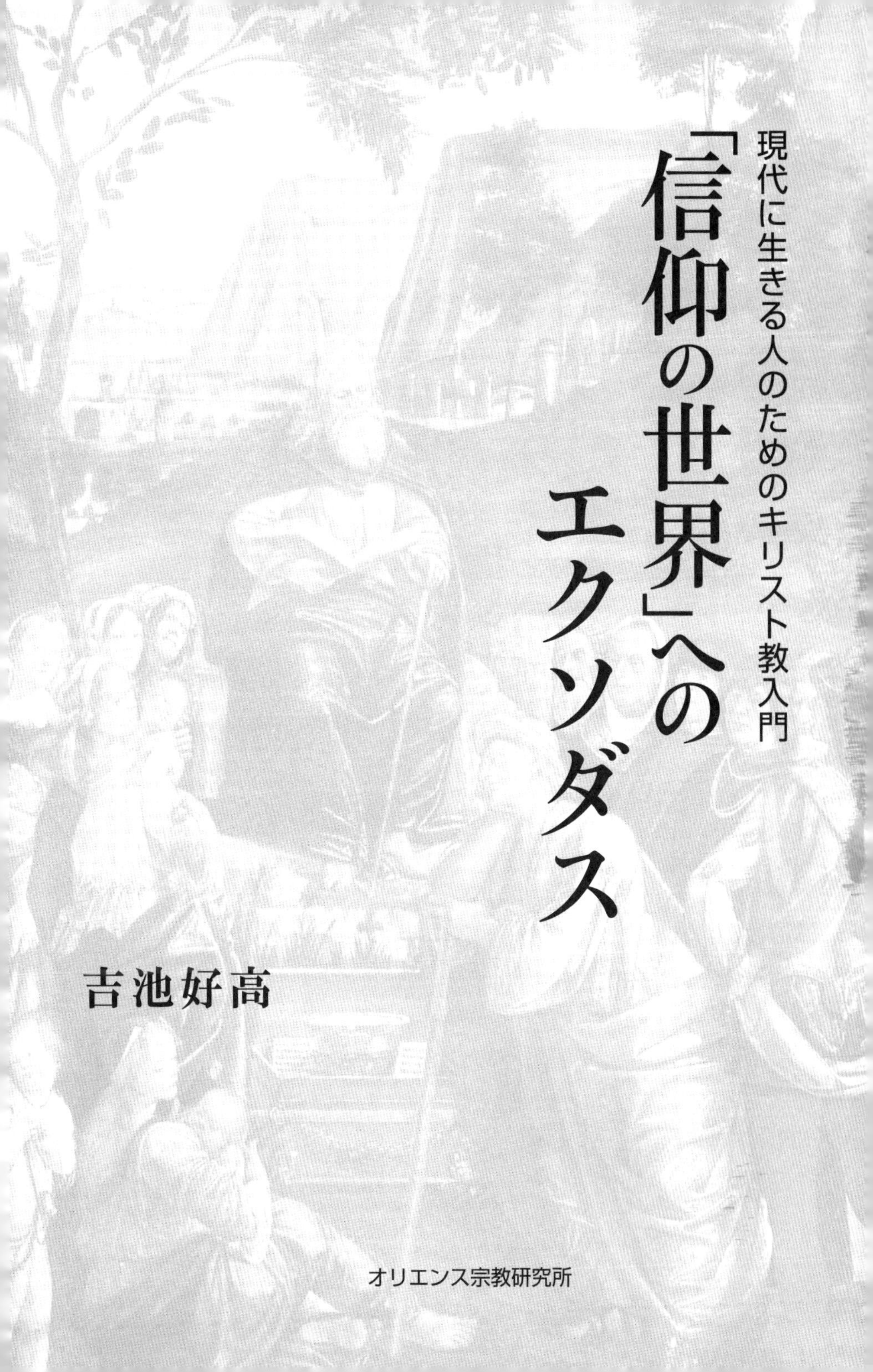

現代に生きる人のためのキリスト教入門

「信仰の世界」へのエクソダス

吉池好高

オリエンス宗教研究所

聞き手から語り手への変容――推薦のことば

冒頭から私事で大変恐縮してしまいますが、著者である吉池神父様はわたしが司祭職を志したとき、麻布教会主任司祭としてわたしを東京教区に推薦してくださいました。さらに神学生時代には司祭養成のモデラトールとして、出来の悪い神学生だったわたしを温かく見守ってもくださいました。わたしにとっての大恩人ですが、今もなおその恩に応えることができずにいます。かえって、吉池神父様は小教区の主任司祭を引退なさってからも、わたしが関口教会の主任司祭であったとき、信徒の皆さんへの聖書講座を通して、共同体をかたちづくっていくためのサポートを惜しみなくしてくださいました。吉池神父様の物静かな声のなかに溢れ出す、御言葉に対するパッションは、それを聞く者に、神からの慰めと支えが与えられていることを悟らせてくれるものです。今回こうして、吉池神父様の新著となる『「信仰の世界」へのエクソダス――現代に生きる人のためのキリスト教入門』を手にした皆さんより先に読ませていただいたことに感謝いたします。

一般に入門書というと、ピンポイントでわかりやすくしようとして、断片的な情報の羅列になりがちです。さらに言えば、イエス・キリストを中心に語ろうとすればするほど、新約聖書の福音が中心になり、旧約聖書がなおざりになってしまう傾向が否めません。あたかも、旧約聖書が必要でないかのように思ってしまうと、現代の倫理的な価値観、道徳観を前提に福音を聞いていく姿勢におのずと陥ってしまいます。

イエス・キリストは、言うまでもなく父である神への信頼に生きた一人としてこの世界を歩まれた方です。

その方が語られる御言葉の意味を理解するとき、著者が指摘されているように何が物語られているか、聖書全体を通して注意深く追っていくことが必要となってきます。それは聖書の物語世界のなかで、単に歴史的な時間軸の中で捉えていくということだけではなく、プロットが意図していくメッセージが幾重にも織り込まれ重なりあいながら、互いがアナロジー（類比）として機能していることを咀嚼《そしゃく》していく必要があります。わたしたち一人ひとりの人生で体験することもまた、この物語世界のプロットに響き合っていくことができるからこそ、単なる知識や情報としてではなく、実感を込めて御言葉を味わうことができるのでしょう。

信仰は聞くことからはじまるとパウロは語ります（ローマ10・17）。聞き手に対するその語り手はパウロだけなのではありません。パウロの背後には他者としての「神」に向き合うことができる、わたしたちがいることを忘れてはいけません。それはイエスと生身で向き合った最初の弟子たちからはじまり、今を生きるわたしたちに至るまでの普遍的な教会共同体の姿と言って良いでしょう。

本書は、聞き手にすぎなかったわたしが、語り手としてのわたしたちへと変容を遂げていくためのプロセスを、聖書を源泉として明解に示したものではないでしょうか。これは吉池神父様個人の類いまれな能力と、長年、教会の司祭職を果たし続ける御言葉への奉仕《ミッション》が具体的な形になって現れたものなのです。これからも、ひとりの信仰者として培われた信仰の感覚のなかで語りかける吉池神父様を通して、そして本書を通じて、多くの方の心に御言葉が届きますように。

二〇二四年九月十四日

カトリック東京教区司祭　フランシスコ・ザビエル　天本昭好

目次

＊本書での聖書本文の引用は、原則として『聖書・新共同訳（旧約聖書続編つき）』（日本聖書協会発行）を用いています。

「信仰の世界」へのエクソダス

——現代に生きる人のためのキリスト教入門

「モーセの遺言と死」（ルカ・シニョレッリ 作、バチカン・システィーナ礼拝堂、1482年頃）

はじめに

カトリックの信者になるということは、カトリック教会に受け継がれてきたキリスト教の信仰を受け入れ、その信仰を生きるということです。

教会に受け継がれてきた信仰の内容を最も端的に表明するのは、日曜日のミサの中で唱えられている「信仰宣言」の祈りです。信者になることを望む人は、この「信仰宣言」に表明されているキリスト教の信仰を受け入れ、自らもその信仰に基づいて生きる決意を表明し、洗礼を受けることによって信者となるのです。

日曜日のミサの中で用いられている二通りの「信仰宣言」の祈りの一つは、「使徒信条」と呼ばれる信仰宣言で、もう一つは「ニケア・コンスタンチノープル信条」と呼ばれています。この「信仰宣言」の祈りのことばを見ていくと、キリスト教の信仰を受け入れた人々がどのようなことを信じているかということが、整理されて表現されていることが分かります。

「使徒信条」

天地の創造主、
全能の父である神を信じます。
父のひとり子、わたしたちの主 イエス・キリストを信じます。
主は聖霊によってやどり、おとめマリアから生まれ、
ポンティオ・ピラトのもとで苦しみを受け、
十字架につけられて死に、葬られ、
陰府《よみ》に下り、三日目に死者のうちから復活し、
天に昇って、全能の父である神の右の座に着き、
生者《せいしゃ》と死者を裁くために来られます。
聖霊を信じ、聖なる普遍の教会、
聖徒の交わり、罪のゆるし、からだの復活、
永遠のいのちを信じます。
アーメン。

（日本カトリック司教協議会）

「ニケア・コンスタンチノープル信条」

わたしは信じます。唯一の神、
全能の父、天と地、
見えるもの、見えないもの、すべてのものの造り主を。
わたしは信じます。唯一の主イエス・キリストを。
主は神のひとり子、
すべてに先立って父より生まれ、
神よりの神、光よりの光、まことの神よりのまことの神、
造られることなく生まれ、父と一体。
すべては主によって造られました。
主は、わたしたち人類のため、
わたしたちの救いのために天からくだり、
聖霊によって、おとめマリアよりからだを受け、
人となられました。
ポンティオ・ピラトのもとで、わたしたちのために十字架につけられ、
苦しみを受け、葬られ、
聖書にあるとおり三日目に復活し、

天に昇り、父の右の座に着いておられます。
主は、生者《せいしゃ》と死者を裁くために栄光のうちに再び来られます。
その国は終わることがありません。
わたしは信じます。主であり、いのちの与え主である聖霊を。
聖霊は、父と子から出て、
父と子とともに礼拝され、栄光を受け、
また預言者をとおして語られました。
わたしは、聖なる、普遍の、使徒的、唯一の教会を信じます。
罪のゆるしをもたらす唯一の洗礼を認め、
死者の復活と来世のいのちを待ち望みます。
アーメン。

（日本カトリック司教協議会）

キリスト教信仰を宣言するこの祈りは、信仰を生きる人々の基本的な信仰の内容を表明する、信仰箇条あるいは信条とも言われます。キリスト教の歴史の中で、このような信仰宣言の祈りは、それぞれの時代の要求に応じてその内容をより厳密に表明するためにさまざまな表現を採っていますが、その基本的な信仰内容をなす信仰宣言のことばによって最も簡潔に表明されています。

信者たちは日曜日のミサのたびに、自分たちが受け入れ、信じているこの信仰宣言の祈りを唱え、その信仰に結ばれている教会の一員として、教会共同体の信仰の祭儀としてのミサをささげます。信仰宣言は信仰を生きる人々を結んでいる信仰共同体の信仰を宣言する祈りであり、信者として生きる人々の具体的な信仰の姿を示すものです。

教会とは、日曜日のミサに集う同じ信仰を告白する人々の「信仰共同体」であるということができます。洗礼を受ける人は洗礼式のときに、自分もこのような信仰を受け入れ、信じることを表明して、信者となるのです。

洗礼式において、洗礼を授ける司式者は受洗者にあらためて次のように尋ね、それに対して受洗者は教会共同体を代表して参列している人々の前で、次のように信仰の決意を表明します。


(司式者) ○○さん、あなたは天地の創造主、全能の、父である神を信じますか。

(受洗者) 信じます。

(司式者) 父のひとり子、おとめマリアから生まれ、苦しみを受けて葬られ、死者のうちから復活して、父の右におられる主イエス・キリストを信じますか。

(受洗者) 信じます。

(司式者) 聖霊を信じ、聖なる普遍の教会、聖徒の交わり、罪のゆるし、からだの復活、永遠のいのちを信じますか。

(受洗者) 信じます。


日本カトリック典礼委員会(編)『カトリック儀式書　成人のキリスト教入信式』(カトリック中央協議会　一九七六年)

このように、洗礼を受けるということは、教会に伝えられてきたキリスト教の信仰を受け入れることを表明して、その信仰によって結ばれている教会共同体の中に迎え入れられ、正式にその一員となって自らも信者となるということです。

以上述べてきたことからも分かるように、キリスト教における信仰は、個々のわたしたちの人生経験から出発するものではなく、「信仰宣言」に表明されているキリスト教の信仰を伝えてきた信仰共同体としての教会との出会いから始まるのです。具体的な教会との出会いによってわたしたちは、その教会を通して伝えられてきた信仰が開く「信仰の世界」を学び始めるのです。

大げさに言えば、わたしたちは教会と出会って、そこに伝えられてきた「キリスト教の信仰の世界」を知ることによって、自分の人生の中で全く新しい体験を受け入れ始めるのです。

キリスト教の信仰によって生きるためには、それがどのようなことを信じる信仰であるのかを知らなければなりません。知るためには、知りたい、もっと知っていきたいという心をもって学び始めなければなりません。そのようにして、わたしたちは具体的な教会との出会いを通して、キリスト教の「信仰の世界」を知り、信仰を受け入れることによって、その信仰が開く「信仰の世界」に招き入れられるのです。

本書ではカトリック教会の「信仰宣言」のことばがどのようなことを意味しているのか、その信仰を受け入れて信者となるということが、どのような新しい世界をわたしたちに開くのかということをご一緒に学んでいきます。

第1章

キリスト教が伝えようとする「信仰の世界」

1．神と出会う場

「信仰宣言」が第一に表明するのは「神」に対する信仰です。「神を信じる」ということは、わたしたちが信じる「神が存在する」ことを肯定するということです。キリスト教の「信仰の世界」においては、わたしたちが信じる以前に、「神」が存在するのです。「神」が存在するから、わたしたちがその「神を信じること」が可能となるのです。キリスト教の「信仰の世界」とは、まずもって、そこに神がおられ、その「神と相対して生きる人々の世界」と言うことができるでしょう。

「神」を信じるか信じないかは一人ひとり自由ですが、「神」を信じる信仰は、「神」が存在することを前提としているのです。そのような「神」はわたしたちの信仰の対象として、信じる者たちにとっては、わたしたちとは異なる「他者」として存在するお方です。キリスト教の信仰を理解する上でこのことはとても重要です。「信仰」はわたしたちとは異なる「他者である神」と、わたしたちの間に成立する関係だからです。

もちろん、わたしたちは感覚をもって日常的に出会う「他者たち」、すなわち他の人々に対するのと同じような仕方で「神」と出会うということはありません。つまり、わたしたちの日常的な経験の中で、直接、神と出会うということはありません。けれども、わたしたちは、心において、「他者である神」を意識する経験を持っているはずです。人間としてのわたしたちが共通に持つ「心」こそが、「神」との出会いのための「感覚の場」であると言えます。キリスト教の「信仰の世界」は日常的な感覚の経験の世界の奥にある、わたしたちの「心の目覚め」によって分け入ることができる世界なのです。

キリスト教に興味を感じ、その信仰を学び始めることによって、わたしたちの中の「神」への意識が目覚めます。けれども、「神」への意識はキリスト教に触れることによって初めてわたしたちの中に生じるようになったわけではないかもしれません。特定の宗教を信じていなくても、人間としてのわたしたちの心には「神」への意識が存在するからです。

わたしたちの意識、心の中にずっと前から働きかけておられた「神」が、ついには具体的な教会との出会いを通し、キリスト教の信仰を学び始めることによって、一層はっきりとわたしたちに働きかけてくださるようになると言えるでしょう。そのような「神」の働きかけを確かめるために、わたしたちの中の「神」への意識がよりはっきりとしたものとなることを願って、ご一緒に学んでいくことにいたしましょう。神への信仰を生きるとは、「自覚的に神への意識を持って生きる」ということだからです。

「天地の創造主、全能の父なる神を信じます」という信仰宣言のことばは、教会が伝えてきた「神」への信仰を表明しています。キリスト者とは、「教会」が伝えてきたこのような「神」への信仰を受け入れ、自分もこのような「神」への信仰を生きることを「教会」において表明した人のことです。洗礼を受けるということは、そのようなことを意味しています。

本書では、「信仰宣言」に表明されている「神」への信仰がどのような意味を持つものであるかを説明していきますが、「神」への信仰は説明されたことを知的に理解することだけに基づくものではありません。わたしたちの中にある「神」への意識をよりはっきりとしたものするためには、「神」への信仰を生きてきた人々、今も生きている人々の交わりの場である「教会」の中に身をおいてみて、その人々がどのように「神」への信仰を実践してきたか、今もどのように実践しているかを知ることが「神」への信仰を生きるための助けとなることでしょう。

先にも述べたように、信者たちの「神」への信仰が最もはっきりとした形で現れているのが日曜日のミサです。このミサに参加することによって、信者たちが生きる「神」への信仰の実践の姿を知ることができます。ミサについてはもっと先に行ってから詳しく説明いたしますが、ミサは全体として、信者たちが信じている「神」への信仰の表明としての「祈り」です。

ミサは信者たちが、イエス・キリストとともに、イエス・キリストの御名によって、「天地の創造主、全能の父である神」にささげる祈りなのです。そのようなミサに参加することによって、わたしたちの中にある神への意識、わたしたちの心に対する神の働きかけがもっとはっきりと感じられるようになることでしょう。

神への意識を深めていくための最もよい手段は神に祈ることです。カトリック信者たちの神への信仰がどのようなものであるかを知るためには、ミサに参加することによって、彼らの具体的な祈りの姿に触れることがよい方法となることでしょう。

2.「天地の創造主」である神とわたしたち

「天地の創造主、全能の父である神を信じます」という信仰宣言に表明されている神への信仰は、「神」とは全てのものの「創造主」であるとの信仰を言い表しています。キリスト教の信仰によって、わたしたちが信じる「神」とはこのようなお方です。

「神」を全てのものの「創造主」として信じる信仰は、神以外の全てのものは「創造主」である神によって創造された「被造物」であるとの信仰による理解をも表明しています。したがって、わたしたちもまた「神」によって創造された「被造物」の中の一員なのです。「神によって創造された」という表現が稚拙に聞こえるなら、「神によって存在を与えられた」あるいは、「神によって存在するものの中に呼び出された」と言い換えてもよいでしょう。

いずれにしても、「神」がわたしたち全てのものの「創造主」であり、わたしたちが皆、「被造物」であるとの信仰は、わたしたちの意識に大きな衝撃を与え、生き方を変えてゆく力を持っています。「神」への信仰を生きるということは、「創造主である神」とその「被造物」であるわたしたちの信仰によって示されるこの関係を受け止めて、「神との関係」を生きていくということなのです。

3.「創造主である神」への信仰の起源 ●旧約聖書

「天地の創造主である神」への信仰に人類の歴史の中で最初に目覚めたのは、「旧約聖書」を残した紀元前のイスラエルの人々です。「創造主である神」への信仰そのものは、どの民族にも古くからあったことでしょう。けれども、「天地の創造主」すなわち、全てのものの創造主である唯一の神への信仰を生き、その信仰の表現をさまざまな形で書物に書き残すことによって、現代に至るまでのその後の人類の歴史に大きな影響を与えているのは「旧約聖書」を生み出した古代オリエントの世界に生きたイスラエルの人々です。「天地の創造主、全能の父である神を信じます」という信仰宣言は、キリスト教の信仰が「旧約聖書」にさかのぼる、「神」への信仰を生きてきた人々の歴史に連なるものであることを表明しています。

4.「全能の父である神」を信じます ●新約聖書

「天地の創造主である神」を信じますという信仰は、神が全てのものを創造されたということだけを意味しているのではありません。むしろ、「神」は全てのものの創造主であって、わたしたちはその被造物として「創造主である神」のもとに生きているのだという信仰を表明するものです。

「全能の父である神を信じます」という信仰宣言はこのことをより鮮明に表明しています。この信仰宣言のことばは、「新約聖書」に語られるイエス・キリストの生き方を彷彿《ほうふつ》とさせます。「神」を「父」と呼ぶ信仰の表明は旧約聖書の中にも散見されますが、イエス・キリストは十字架の死に至るまでのその全生涯を通じて、人類史上他に類のない独特な仕方で、「父」である神の「子」としての生き方を生き抜かれたのです（フィリピ2・6－8参照）。

イエスは神に向かって「神よ」と呼びかけることはなく、「アッバ、父よ」と呼ばれていたことが「新約聖書」には語られています。この呼びかけは単なる儀礼的なものでなく、イエス・キリストの全生涯を貫く、「神の子」としての「神」との独特な関係を示すものです（マルコ14・36、ローマ8・15、ガラテヤ4・6参照）。

新約聖書が告げるところによれば、イエス・キリストはその生涯を「神」とのこのような関係を機軸として生きられたのです。「父よ、わたしの霊を御手にゆだねます」（ルカ23・46）との十字架上のイエスの最期の叫びは、イエスが生きられた「父なる神」への、死に臨んでも打ち砕かれることのない絶対的な信頼を余すところなく語っています。

それればかりではありません。「新約聖書」が告げるキリスト教の信仰の核は、十字架の死に臨んでも揺らぐことのなかったイエスの信頼に応えて、イエスが「父」とお呼びした神がイエスを死者の中から復活させられたことに基づくものです。イエス・キリストを死者の中から復活させることによって、「父である神」は文字通り、「全能の父」としての御自分を示されたのです。

「父である神」の「子」として生きられたイエス・キリストは、全ての人を彼が「父」と呼んだ神とのこのような関係に招き入れるために一人の人間となってこの世に来られた「父」の「子」なのです。そして、その「子」は「父である神」と一体の神、わたしたちの救い主であるとの信仰が「新約聖書」全巻を通して表明されているキリスト教の信仰の中心なのです。

「天地の創造主、全能の父である神を信じます」という信仰宣言の最初に表明されているキリスト教の「神」への信仰がどのようなものであり、イエス・キリストへの信仰の表明が「旧約聖書」と「新約聖書」とどのように関わるものであるかを見てきました。キリスト教の信仰にとって、新約・旧約聖書は一つながりの「聖書」であり、それはイエス・キリストにおいて余すところなく示された「神」からの、わたしたちすべての者に宛てられている「神との出会い」への招待状なのです。

5. 主の祈り

全てのものの創造主である神、イエス・キリストが「父」とお呼びした神への信仰を最も美しく表現しているのが「主の祈り」です。この祈りは、「全能の父である神」の「子」として生きられたイエス・キリストの祈りです。イエス・キリストは、この祈りに込められた、「父である神」への「子」としての全幅の信頼の中にその生涯を生きられたのです。

さらに、イエスはこの祈りを弟子たちに教えることによって、イエスにとっての「アッバ、父」である神がどのような方であるかを示されました。それればかりではなく、イエスのいのちの核心であるこの「主の祈り」を教えることによって、わたしたちを彼のいのちの中枢に招き入れ、イエスとともに「父である神」の子らとして生きる、新たないのちの世界を開いてくださるのです。

キリスト教の信仰における「救い」とは、この世の生を生きるわたしたちが、イエス・キリストによって示された全てのものの創造主である「父なる神の子ら」として、新たないのちの世界に招き入れられて生きていくということです。ご一緒に「主の祈り」を味わってみましょう。

主の祈り

天におられるわたしたちの父よ、
み名が聖とされますように。
み国が来ますように。

みこころが天に行われるとおり地にも行われますように。
わたしたちの日ごとの糧を今日もお与えください。
わたしたちの罪をおゆるしください。わたしたちも人をゆるします。
わたしたちを誘惑におちいらせず、
悪からお救いください。
アーメン。

（日本カトリック司教協議会）

マタイ福音書6章9節以下に記されているこの主の祈りは「天におられるわたしたちの父よ」という神への呼びかけから始まっています。「天」は、わたしたちが生きる「地」に対しての「天」です。キリスト教の信仰におけるイエス・キリストは、究極的には、天におられる父である神のもとから「地」に生きる人間の世界に、全てのものの創造主である「父なる神」を示すために一人の人間となって母マリアからお生まれになった、「神の子」なのです。

この信仰において、なぜ、神が「父」であるのかと言えば、それはひとえに、イエス・キリストが「神」を「アッバ、父よ」とお呼びしており、その父である神のもとにわたしたちを招いているからです。

キリスト教の信仰を生きるとは、創造主である神、イエス・キリストが「わたしたちの父」として示された神との関係を自覚的に生きるということです。そのためにも、教会において最も大切にされているイエスが教えてくださったこの「主の祈り」を日々の生活の中で、心を落ち着けて唱えてみることをお勧めいたします。

第2章

創世記にみる「信仰の世界」

1．神と世界、イスラエルの民　旧約聖書の世界理解

「信仰宣言」の「天地の創造主である神」への信仰がどのようなことを意味しているのか、もう少し詳しく見ていくことにいたしましょう。

すでに触れたように、キリスト教の「天地の創造主である神」への信仰は、「旧約聖書」を生み出した紀元前のイスラエルの民の神への信仰にその遠い起源を持っています。「旧約聖書」は全体として見れば、紀元前のイスラエルの民がたどった歴史の中で、彼らがそれを拠りどころとして生きた信仰に基づく「神との関わりの歴史」を伝える書物であると言えます。

そのような旧約聖書には二つの「極」があります。その一方の極は世界の歴史の中に生きた「イスラエルの民」であり、もう一方の極は、イスラエルの民を御自分の民として選び出された「神」です。イスラエルの民ではないわたしたちには、なぜ神がイスラエルの民を選び出されたと言えるのか腑《ふ》に落ちないところが

あるのは否めませんが、「旧約聖書」という書物を理解するためにはこのことがとても重要です。イスラエルの民の神への信仰にあっては、「神」は「信仰の対象」であるだけではなく、それ以前に、彼らを選び出した「主体としての神」であるのです。旧約聖書はイスラエルの民が経験したそのような神と、その民が生きたこの世界との「関わりの歴史」を軸としているのです。

2. 「創造物語」の位置づけ

旧約聖書の最初の書物である創世記の始めには、神による六日間の世界の創造の物語が語られています。聖書を開いて、ご一緒に旧約聖書の第一巻である創世記の始まりの部分を読んでみましょう。

初めに、神は天地を創造された。地は混沌であって、闇が深淵の面《おもて》にあり、神の霊が水の面を動いていた。

神は言われた。「光あれ」。こうして、光があった。神は光を見て、良しとされた。神は光と闇を分け、光を昼と呼び、闇を夜と呼ばれた。夕べがあり、朝があった。第一の日である。

神は言われた。「水の中に大空あれ。水と水を分けよ」。神は大空を造り、大空の下と大空の上に水を分けさせられた。そのようになった。神は大空を天と呼ばれた。夕べがあり、朝があった。第二の日である。

神は言われた。「天の下の水は一つ所に集まれ。乾いた所が現れよ」。そのようになった。神は乾いた所を地と呼び、水の集まった所を海と呼ばれた。神はこれを見て、良しとされた。

神は言われた。「地は草を芽生えさせよ。種を持つ草と、それぞれの種を持つ実をつける果樹を、地に芽生えさせよ」。そのようになった。地は草を芽生えさせ、それぞれの種を持つ草と、それぞれの種を持つ実をつける木を芽生えさせた。神はこれを見て、良しとされた。夕べがあり、朝があった。第三の日である。

神は言われた。「天の大空に光る物があって、昼と夜を分け、季節のしるし、日や年のしるしとなれ。天の大空に光る物があって、地を照らせ」。そのようになった。神は二つの大きな光る物と星を造り、大きな方に昼を治めさせ、小さな方に夜を治めさせられた。神はそれらを天の大空に置いて、地を照らさせ、昼と夜を治めさせ、光と闇を分けさせられた。神はこれを見て、良しとされた。夕べがあり、朝があった。第四の日である。

神は言われた。「生き物が水の中に群がれ。鳥は地の上、天の大空の面を飛べ」。神は水に群がるもの、すなわち大きな怪物、うごめく生き物をそれぞれに、また、翼ある鳥をそれぞれに創造された。神はこれを見て、良しとされた。神はそれらのものを祝福して言われた。「産めよ、増えよ、海の水に満ちよ。鳥は地の上に増えよ」。夕べがあり、朝があった。第五の日である。

神は言われた。「地は、それぞれの生き物を産み出せ。家畜、這《は》うもの、地の獣をそれぞれに産み出せ」。そのようになった。神はそれぞれの地の獣、それぞれの家畜、それぞれの土を這うものを造られた。神はこれを見て、良しとされた。

（創世記1・1－25）

聖書に親しむためには、まずは、それを手にとって読むことが必要です。読むということは、そこに何が語られているかを「聴く」ということです。「聴く」ためには、相手がそのことばによって「何」を言おうとしているかを受け止めなければなりません。

聖書がこの物語全体によって語ろうとしていることに注意を向けなければならないのです。そのためには相手のことば遣い、つまり、この場合は聖書の表現方法の細かい点にこだわるのではなく、こちらの言い分を控えて、聖書がこの物語によって何を語ろうとしているのか、耳を傾ける必要があります。そのようにして、少しずつ「聖書」というものに慣れ、聖書を生み出した人々の「信仰の世界」に近付いていくことができるのです。

この物語が旧約聖書全体の始めに語られることによって、旧約のイスラエルの民がその中に生き、伝えている「神とこの世界の関わりの歴史」の幕が開かれるのです。「天地創造」の物語は、この世界の単なる歴史内の出来事としてではなく、この世界の歴史の中でも特に深く、「神」との関わりを生きたイスラエルの民が最終的にたどりついた神への信仰を表明しているのです。この物語を聖書全体の始めに語ることによって、イスラエルの民は、自分たちの神への信仰が、世界の歴史全体に関わるものであることを表明しているのです。

「天地の創造主である神を信じます」という教会の信仰宣言は、旧約のイスラエルの民が見出したこのような「神」への信仰を引き継いでいます。彼らが、その歴史の中で生きた神への信仰は、この世界におけるわたしたちの経験の枠を超えて、「神の創造の世界」という「信仰による世界理解」をわたしたちにもたらします。

この信仰を受け入れるとき、わたしたちの世界は、神の創造による世界としてわたしたちの前に広がり、わたしたちが信じる神は、「天地（すべてもの）の創造主、全能の、神である父」（洗礼式の信仰宣言）として迎え入れてくださるのです。

3．アブラハムを呼び出す神

キリスト教の信仰に受け継がれている創造主である神への信仰は、神による六日間の世界の創造の物語として、旧約聖書の始めに語られています。しかし、ここではその前に、このような「信仰表現の物語」を生み出した、イスラエルの民の神との出会いの歴史の夜明けを見ておくことにしましょう。

「旧約聖書」を生み出したイスラエルの民の歴史は、創世記12章の始めに語られている、アブラハムに語りかけた「神のことば」とその呼びかけに応えたアブラハムの旅立ちから始まります。旧約聖書はここに、「神の民」として生きることになったイスラエルの民の歴史の起源を見ているのです。

主はアブラムに言われた。「あなたは生まれ故郷、父の家を離れて、わたしが示す地に行きなさい。わたしはあなたを大いなる国民にし、あなたを祝福し、あなたの名を高める、祝福の源となるように。あなたを祝福する人をわたしは祝福し、あなたを呪う者をわたしは呪う。地上の氏族はすべて、あなたによって祝福に入る」。

アブラムは、主の言葉に従って旅立った。ロトも共に行った。アブラムは、ハランを出発したとき七十五歳であった。アブラムは妻のサライ、甥のロトを連れ、蓄えた財産をすべて携え、ハランで加わった人々と共にカナン地方へ向かって出発し、カナン地方に入った。

（創世記12・1－5）

アブラハムがこの「神」のことばに従って旅立った故郷は、「世界史」において古代オリエント文明発祥の地とされる、メソポタミアに栄えた人類最古の都市のひとつです。イスラエルの民の起源はいわゆる「神話」の世界にあるのではなく、世界の歴史の中に位置づけられています。このことは、イスラエルの民の「神」への信仰の大きな特徴をなしています。

「旧約聖書」における神は、アブラハムを呼び出すことによって示されている「人類の歴史に働きかけ、御自分の意図を持ってそれを導く神」です。このような旧約のイスラエルの民の「神」への信仰のあり方を理解することなしに、キリスト教の信仰を理解することはできません。なぜなら、キリスト教の信仰は、イエス・キリストにおいて「神」は、決定的に人類の歴史に働きかけておられるということを中核とする信仰だからです。

キリスト教の信仰においては、アブラハムへの神の約束のことばに示されている神の意図は、旧約聖書全体を貫いて、イエス・キリストを目指すものです。新約聖書の巻頭を飾るマタイ福音書の第一章に掲げられているイエス・キリストの系図は、アブラハムを始祖とする旧約聖書に語られているイスラエルの民の歴史を生きたイエス・キリストの祖先たちの系図です。

アブラハムの子ダビデの子、イエス・キリストの系図。
アブラハムはイサクをもうけ、イサクはヤコブを、ヤコブはユダとその兄弟たちを、ユダはタマルによってペレツとゼラを、ペレツはヘツロンを、ヘツロンはアラムを、アラムはアミナダブを、アミナダブはナフションを、ナフションはサルモンを、サルモンはラハブによってボアズを、ボアズはルツによってオベドを、オベドはエッサイを、エッサイはダビデ王をもうけた。

ダビデはウリヤの妻によってソロモンをもうけ、ソロモンはレハブアムを、レハブアムはアビヤを、アビヤはアサを、アサはヨシャファトを、ヨシャファトはヨラムを、ヨラムはウジヤを、ウジヤはヨタムを、ヨタムはアハズを、アハズはヒゼキヤを、ヒゼキヤはマナセを、マナセはアモスを、アモスはヨシヤを、ヨシヤは、バビロンへ移住させられたころ、エコンヤとその兄弟たちをもうけた。

バビロンへ移住させられた後、エコンヤはシャルティエルをもうけ、シャルティエルはゼルバベルを、ゼルバベルはアビウドを、アビウドはエリアキムを、エリアキムはアゾルを、アゾルはサドクを、サドクはアキムを、アキムはエリウドを、エリウドはエレアザルを、エレアザルはマタンを、マタンはヤコブを、ヤコブはマリアの夫ヨセフをもうけた。このマリアからメシアと呼ばれるイエスがお生まれになった。

こうして、全部合わせると、アブラハムからダビデまで十四代、ダビデからバビロンへの移住まで十四代、バビロンへ移されてからキリストまでが十四代である。

（マタイによる福音書1・1－17）


先に挙げたアブラハムへの神のことばは、アブラハムとその子孫であるイスラエルの民に対する神の祝福を約束することばです。そしてその祝福は彼らに与えられるだけではなく、地上の氏族すべて、すなわち人類全体が神の祝福にあずかるための祝福の源となることを目的としています。

キリスト教の信仰の立場に立てば、アブラハムへのこの神の祝福の「約束」は、旧約のイスラエルの民の全歴史を貫いて、イエス・キリストによってもたらされた神の救いにおいて実現するのです。このように、キリスト教信仰においては、旧約聖書と新約聖書は一貫した、人類の歴史の中に示された創造主である神の御計画に基づく「人類の救いの歴史」を語る書物として受け止めることができます。

祝福とは、祝福する者と祝福を受ける者との関係が「正常化」されており、その相互の交わりにおいて初めて可能となるものです。旧約・新約聖書の「神」は人類に対して、すなわち、その一人ひとりのわたしたちに対して、そのような「祝福の関係」を働きかけ、求めている神なのです。

キリスト教信仰の中心的概念である「神による救い」とは、創造主である神とその神の被造物であるわたしたちとの間の本来あるべき「祝福の関係」が、イエス・キリストによる「神」からの働きかけによって「正常化」されることを意味します。創造主である神とその被造物との関係が正常化されることによって、わたしたちは神との祝福の関係を生きることができるのです。

「祝福の関係」とはお互いがお互いを認め合うということです。神がわたしたちをその被造物として認めてくださり、わたしたちが神を自分たちの創造主、「父」として認めるということです。それは「神とわたしたちの間に通い合う、いのちの交わりの関係」に入ることを意味すると言ってもよいでしょう。

4.「創世記」の視野の中で

「天地の創造主、全能の父である神を信じます」という信仰宣言に表明されているキリスト教の神への信仰は、旧約聖書にその起源を持つものであることを見てきました。「天地の創造主、全能の、父である神を信じます」という信仰宣言は、それによって示されている「信仰の世界」にわたしたちを招き入れます。

「信仰の世界」とはわたしたちが生きるこの世界についての神への信仰の基づく根本的な理解、すなわち「信仰による世界観」と言うことができるでしょう。それがなぜ、「信仰の世界」といえるのかと言えば、それは、単なる「世界観」、すなわち「観念の世界」に留まるものではなく、神を信じる者たちはこの現実世界にあって、信仰によって見出されるこの「天地の創造主、全能の、父である神」との関係の中で生きているからです。それが、神を信じるということなのです。

わたしたちは信仰宣言によって示されているこのような「信仰の世界」の中で、「天地の創造主、全能の、父である神」と出会うのです。それは、個々のわたしたちの主観によるものではなく、このような神への信仰を生きてきた人々の「信仰の世界」を継承することによって可能になるのです。従って、キリスト教の信仰を生きるためには、聖書を知るということは必須のことなのです。

この世界が、神の創造によるものであるという「情報」は、聖書に示されている神を信じて生きてきた人々の信仰の歴史を通してわたしたちのもとに届けられているのです。聖書を通してわたしたちは神を信じて生きるとはどのようなことであるかを、聖書の中に語られている神を信じて生きた人々の歩んだ歴史を通して学んでいくのです。

そしてそれは、わたしたちもその人々と同じように、神の創造によって開始された世界の歴史の中に生きているのだという「信仰による自己理解」をもたらします。聖書を知ることによってわたしたちは聖書に語られている、神を信じて生きた人々の信仰の歴史に連なる者たちとなるのです。聖書に語られているアブラハムとその子孫たちの歴史の物語は、同じ神への信仰を生きるわたしたちの信仰の物語となるのです。

5. 創世記12章の位置づけ

旧約聖書の一方の極をなす「イスラエルの民」の歴史は、そのもう一方の極である「神」によるアブラハムへの呼びかけから始まっていることを見てきました。旧約のイスラエルの民はこのアブラハムへの神の呼びかけによってこの世界の歴史の中にその姿を現すのです。

すでに述べたように、アブラハムに呼びかけられた神の意図は、神の祝福に基づく、神とのいのちの交わりに招きいれられることを目指すものでした。このことは、創世記の12章に語られています。創世記の視点はこの章を境にして大きく変わっています。神のアブラハムへの呼びかけを境に、それ以降の創世記の記述はやがてイスラエルの民となっていくアブラハムとその家族の物語に集中していきます。そしてこの家族の系譜は、やがて「イスラエルの民」へと成長していくのです。

6. アブラハム以前

創世記12章から始まるアブラハムの物語は、この世界に対する「神の新たな働きかけ」を語っています。ここにおいて、それ以前に語られている「創造主である神」は、この世界に対して新たにその姿を示し始めるのです。それは、旧約聖書全体を通して語られている、アブラハムとその子孫であるイスラエルの民がたどった歴史を通して、この世界に御自分を示しておられる「歴史を導く神」です。

アブラハムへの神の約束のことばとそれに従ったアブラハムの物語によって、この世界に登場する旧約のイスラエルの民にとって、創世記12章以前に語られていることは、そこに自分たちの祖先が誕生したこの世界がどのようなものであったかを語る物語となっています。そしてそれは、なぜ、「神」はアブラハムを呼び出されたのか、さらには、そのアブラハムから始まる自分たちの歴史が「神の救いの御計画」の中にあるこの世界において、どのような役割を担うものであるかを「信仰による歴史的回顧」の形で語っているのです。

7. 神に創造された人間の現実――楽園を追われた者たち

創世記12章に先立って語られている「人類の歴史」は、神による人の創造から始まっています。人は、神の創造の御業《みわざ》の最後に、いわば神の創造の世界の頂点に神の似姿として神によって創造されます。こうして、人は男も女も、神の被造物としての世界の中に神の似姿を映す神のパートナー、神によって創造された世界を満たす祝福の担い手として誕生したのです。これが、創世記1章に語られている神による人の創造の物語です。

神は言われた。「我々にかたどり、我々に似せて、人を造ろう。そして海の魚、空の鳥、家畜、地の獣、地を這うものすべてを支配させよう」。神は御自分にかたどって人を創造された。神にかたどって創造された。男と女に創造された。

神は彼らを祝福して言われた。「産めよ、増えよ、地に満ちて地を従わせよ。海の魚、空の鳥、地の上を這う生き物をすべて支配せよ」。

神は言われた。「見よ、全地に生える、種を持つ草と種を持つ実をつける木を、すべてあなたたちに与えよう。それがあなたたちの食べ物となる。地の獣、空の鳥、地を這うものなど、すべて命あるものにはあらゆる青草を食べさせよう」。そのようになった。神はお造りになったすべてのものを御覧になった。見よ、それは極めて良かった。夕べがあり、朝があった。第六の日である。

天地万物は完成された。第七の日に、神は御自分の仕事を完成され、第七の日に、神は御自分の仕事を離れ、安息なさった。この日に神はすべての創造の仕事を離れ、安息なさったので、第七の日を神は祝福し、聖別された。これが天地創造の由来である。

（創世記１・26～２・４）

これに続く、創世記２章に語られているもう一つの神による人の創造の物語では、人は神によって手ずから形作られ、神のいのちの息を吹き込まれることによって生きる者となったと語られています。このようにして創造された人は、地の塵から形作られたものとしてアダムと名付けられ、神のいのちの息吹を受けて生きる者とされ、さらには神の配慮によって、ともに生きるいのちの伴侶を与えられたのです。こうして聖書が語る人類の歴史が始まるのです。

主なる神が地と天を造られたとき、地上にはまだ野の木も、野の草も生えていなかった。主なる神が地上に雨をお送りにならなかったからである。また土を耕す人もいなかった。しかし、水が地下から湧き出て、土の面をすべて潤した。主なる神は、土（アダマ）の塵で人（アダム）を形づくり、その鼻に命の息を吹き入れられた。人はこうして生きる者となった。主なる神は、東の方のエデンに園を設け、自ら形づくった人をそこに置かれた。主なる神は、見るからに好ましく、食べるに良いものをもたらすあらゆる木を地に生えいでさせ、また園の中央には、命の木と善悪の知識の木を生えいでさせられた。

エデンから一つの川が流れ出ていた。園を潤し、そこで分かれて、四つの川となっていた。第一の川の名はピションで、金を産出するハビラ地方全域を巡っていた。その金は良質であり、そこではまた、琥珀の類やラピス・ラズリも産出した。第二の川の名はギホンで、クシュ地方全域を巡っていた。第三の川の名はチグリスで、アシュルの東の方を流れており、第四の川はユーフラテスであった。

主なる神は人を連れて来て、エデンの園に住まわせ、人がそこを耕し、守るようにされた。主なる神は人に命じて言われた。「園のすべての木から取って食べなさい。ただし、善悪の知識の木からは、決して食べてはならない。食べると必ず死んでしまう」。主なる神は言われた。「人が独りでいるのは良くない。彼に合う助ける者を造ろう」。

主なる神は、野のあらゆる獣、空のあらゆる鳥を土で形づくり、人のところへ持って来て、人がそれぞれをどう呼ぶか見ておられた。人が呼ぶと、それはすべて、生き物の名となった。人はあらゆる家畜、空の鳥、野のあらゆる獣に名を付けたが、自分に合う助ける者は見つけることができなかった。

主なる神はそこで、人を深い眠りに落とされた。人が眠り込むと、あばら骨の一部を抜き取り、その跡を肉でふさがれた。そして、人から抜き取ったあばら骨で女を造り上げられた。

主なる神が彼女を人のところへ連れて来られると、人は言った。「ついに、これこそ、わたしの骨の骨、わたしの肉の肉。これをこそ、女（イシャー）と呼ぼう、まさに、男（イシュ）から取られたものだから」。こういうわけで、男は父母を離れて女と結ばれ、二人は一体となる。人と妻は二人とも裸であったが、恥ずかしがりはしなかった。

（創世記2・4－25）

神の創造の御業である人は、神の似姿を映すものとして神がその被造物である世界に与えられた祝福の中に生きる者となったのです。それはこの世界の創造主である神にとっても、神の似姿として創造された人にとっても、決して害われてはならないいのちの調和に満ちた楽園の世界であったのです。

けれども、創世記3章から始まる人類の歴史は、神の似姿として創造された人が、創造主である神の意図に背くことによって、神の原初の意図とは全く異なる方向に進み始めてしまうことを描き出しています。

何故、神の祝福の中にあるはずのこの世界は、これほどまでに人の生存を脅かすものになってしまったのか。その世界の中で人が営む生活は何故、これほどまでに意味の見えない労苦に満ちたものとなってしまったのか。

何故、男には男の苦しみがあり、女には女の苦しみがあるのか。神の祝福によって与えられたはずの男女のパートナーとしての関係は何故、修復不可能なまでの亀裂を孕《はら》む支配と被支配の関係に堕してしまったのか。労苦に満ちたこの世の生活の末に何故、人は死んで塵《ちり》に戻るしかなくなってしまったのか。神が全てのものの創造主であるなら、神によって創造されたといわれるこの世界は何故、人にとってこれほどの理不尽な希望のない苦しみの世界になってしまったのか。

この世界の意味の見えない苦悩の現実の中から今も発し続けられている、これらの根源的な神への問いかけに、創世記3章から始まる原初の「人類の歴史の物語」は答えているのです。そしてそれは、聖書を通してわたしたちが知る最も深い宗教的現実理解を示しています。

第3章

「善悪の知識の木の実」の意味

1．人間の本質についての洞察

①原罪――神への反逆と離反の物語

創世記の始めに語られているアダムとエバの物語は、メルヘンチックで神話的に聞こえる語り方を通して、しかし、人間というものの本質に対する他に類を見ない深い洞察を示しています。創世記2章から3章の「善悪の知識の木の実」の物語は、神の創造の世界の中に神の似姿として創造された被造物である人間の、創造主である神への反逆と離反の物語として語られています。

主なる神は人を連れて来て、エデンの園に住まわせ、人がそこを耕し、守るようにされた。主なる神は人に命じて言われた。「園のすべての木から取って食べなさい。ただし、善悪の知識の木からは、決

して食べてはならない。食べると必ず死んでしまう」。（創世記2・15－17）

人間は神の祝福の中に生きることができるために神がお与えになったこの「掟《おきて》」に背いて、「善悪の知識の木の実」を食べてしまうのです。メルヘンチックに聞こえるこの物語を通して、旧約聖書全体を通して流れ、キリスト教の信仰に受け継がれている、神と人間との関係についての最も根本的な信仰に基づく洞察が表出されています。

「創造主である神」の姿はこの物語において、その似姿として創造された人間が、神の被造物である世界の中で神の祝福によって生きるための「掟を与える神」として語られています。こうして「創造主である神」はその被造物である人間との関係を維持しようとされているのです。これが、聖書全体を通して示され、キリスト教の信仰に受け継がれている神の姿です。神は人間に課したその「掟」を通して、この世界の歴史の中で自らの意志を示す「神」であり続けるのです。このような信仰の理解は、聖書全体とそれに基づくキリスト教の信仰を理解する上で極めて重要な聖書からの根本的なメッセージです。

「創造主である神」は創造主とその被造物という関係において、人間の歴史の中に「掟を与える神」として御自分を示し続けるのです。その神に対して人間は、神の掟に背くことによって神の原初の祝福としての「楽園」を追われた者となってしまったのです。「楽園喪失」の物語の中で語られているこのような神と人間の関係が、旧約聖書が語るイスラエルの民の歴史の中でどのような形をとっていくかは、もう少し先に行ってから見ることにしましょう。

この物語に示されている神と人間との関係についての信仰に基づく根本的洞察が、聖書全体のメインモチーフとなっており、それがキリスト教の信仰の骨格を成すことだけをここでは前もって述べておきます。

②根源的な倒錯──「創造主である神からの離反」

神の創造の祝福に満ちた世界に神の似姿として創造されて生きるものとなった人間は「創造主としての神」の被造物という、神によって与えられた祝福の基盤を自ら打ち砕いてしまうのです。神の似姿であるはずの人間は、「善悪の知識の木の実」を取って食べることによって、「園のすべての木から取って食べなさい。ただし、善悪の知識の木からは、決して食べてはならない。食べると必ず死んでしまう」（創世記2・16-17）という神の戒めである「掟」を無視し、神との関係を破棄して、自らが神たらんとしたのです。

その結果、この世界の原初の祝福に満ちた関係は人間によって破壊されてしまったのです。創造主である神の祝福に満ちた世界の中でその祝福の担い手となるべき人間が、神に代わって自らの恣意に従ってこの世界の善悪の基準とならんとしたからです。「楽園追放」の物語の全体は、人間の創造主である神への反逆によってもたらされた、この世界の現実を語る物語なのです。

キリスト教の信仰の教義においては、「楽園追放」の物語に語られていることの全体を指して「原罪」という表現が用いられます。

「原罪」というのは、「楽園追放」物語のメルヘンチックな表現を通して露わにされている、神の祝福によってのみ生きることができるわたしたち人間の中に潜み、ことあるごとに現れてくる「根源的な倒錯」、すなわち、創造主である神によって与えられた祝福の源である「被造性」に対する反逆であり、その結果としての神との断絶がもたらす原初の祝福の喪失なのです。

「原罪」は、「楽園追放」の物語の中の「アダムとエバの罪」を意味しているだけではありません。むしろ、この物語において、人間が経験するこの世界の悪の元凶としての、わたしたち自身の中に潜み、わたしたちが生み出す「根源的な倒錯」、神の被造物としての人間の「創造主である神からの離反」としての「罪」の本質が暴かれているのです。楽園を追放された者たちとして、この世界の中で経験する苦悩の根源としての、わたしたちすべての者の中にある「罪」の本質がこの物語によって語られているのです。それゆえに、それは「原罪」と呼ばれるのです。

③「誘惑者」――蛇が意味すること

「楽園追放の物語」の中には重要な脇役として「蛇」が登場します。いままで見てきたように、「創世記」の始めにイスラエルの民の登場に先立って語られている原初史と呼ばれる「物語群」は、そのメルヘンチックな語り方のもとに、「旧約聖書」を生み出した人々の信仰に基づく「人間の現実」についての比類のない洞察を示しています。「楽園追放」の物語に登場する「蛇」も、そのような信仰に基づく「人間理解」において重要な役割を果たしています。

主なる神が造られた野の生き物のうちで、最も賢いのは蛇であった。蛇は女に言った。「園のどの木からも食べてはいけない、などと神は言われたのか」。女は蛇に答えた。「わたしたちは園の木の果実を食べてもよいのです。でも、園の中央に生えている木の果実だけは、食べてはいけない、触れてもいけない、死んではいけないから、と神様はおっしゃいました」。

蛇は女に言った。「決して死ぬことはない。それを食べると、目が開け、神のように善悪を知るものとなることを神はご存じなのだ」。女が見ると、その木はいかにもおいしそうで、目を引き付け、賢くなるように唆していた。女は実を取って食べ、一緒にいた男にも渡したので、彼も食べた。二人の目は開け、自分たちが裸であることを知り、二人はいちじくの葉をつづり合わせ、腰を覆うものとした。

その日、風の吹くころ、主なる神が園の中を歩く音が聞こえてきた。アダムと女が、主なる神の顔を避けて、園の木の間に隠れると、主なる神はアダムを呼ばれた。「どこにいるのか」。彼は答えた。「あなたの足音が園の中に聞こえたので、恐ろしくなり、隠れております。わたしは裸ですから」。

神は言われた。「お前が裸であることを誰が告げたのか。取って食べるなと命じた木から食べたのか」。アダムは答えた。「あなたがわたしと共にいるようにしてくださった女が、木から取って与えたので、食べました」。

主なる神は女に向かって言われた。「何ということをしたのか」。女は答えた。「蛇がだましたので、食べてしまいました」。主なる神は、蛇に向かって言われた。「このようなことをしたお前は、あらゆる家畜、あらゆる野の獣の中で呪われるものとなった。お前は、生涯這いまわり、塵を食らう。お前と女、お前の子孫と女の子孫の間に、わたしは敵意を置く。彼はお前の頭を砕き、お前は彼のかかとを砕く」。

神は女に向かって言われた。「お前のはらみの苦しみを大きなものにする。お前は、苦しんで子を産む。お前は男を求め、彼はお前を支配する」。

神はアダムに向かって言われた。「お前は女の声に従い、取って食べるなと命じた木から食べた。お前のゆえに、土は呪われるものとなった。お前は、生涯食べ物を得ようと苦しむ。お前に対して、土は茨とあざみを生えいでさせる、野の草を食べようとするお前に。お前は顔に汗を流してパンを得る、土に返るときまで。お前がそこから取られた土に。塵にすぎないお前は塵に返る」。アダムは女をエバ（命）と名付けた。彼女がすべて命あるものの母となったからである。主なる神は、アダムと女に皮の衣を作って着せられた。

主なる神は言われた。「人は我々の一人のように、善悪を知る者となった。今は、手を伸ばして命の木からも取って食べ、永遠に生きる者となるおそれがある」。主なる神は、彼をエデンの園から追い出し、彼に、自分がそこから取られた土を耕させることにされた。こうしてアダムを追放し、命の木に至る道を守るために、エデンの園の東にケルビムと、きらめく剣の炎を置かれた。（創世記３・１－24）

「蛇」は誘惑者として登場します。この「蛇」は、人間がそれによって生きることができるために神が与えた「掟」、すなわち、創造主である神の被造物としての人間の「根本規定」から人間を逸脱させようと人間を誘惑するのです。そして、人間は悲しいまでにその誘惑に乗ってしまうのです。ここに、旧約聖書を生み出したイスラエルの民が、その「栄光と悲惨」の歴史を通して神への信仰によって見出した深い「人間理解」が示されています。この物語において、神の民とされたイスラエルの民の歴史の中で繰り返し表面化してくる「神に背く者たち」としての人間の「原罪史」が語られているのです。

人間は無条件に自ら望んで神の祝福を放棄してしまうのではありません。人間をそのような不幸に陥れるのは、神によって創造されたこの世界の中に存在する根源的な神への反逆者としての「誘惑する者」です。物語の中で「蛇」の形をとって現れているのは、そのような、人間を「楽園喪失」に誘う「誘惑者」の姿です。「誘惑者」はそれ自体「神」なのではありません。「誘惑者」もまた、神によって創造された被造物に過ぎません。

けれども、その「誘惑者」は人間をその唯一の創造主である神の定めとしての掟への反逆に誘うほどに、人間の心を支配しようとする人間にとって魅力的な存在なのです。創造主の祝福のうちに創造されたこの世界の中には、そのような「誘惑者」が存在しているのです。

2.「神の子」と「根源的な誘惑者」

旧約聖書をさらにもう少し先の方まで読み進めていくと、旧約聖書のイスラエルの民の歴史は絶えずこの「誘惑者」の脅威にさらされ、その誘惑によって神の掟に背き、それによって、神の祝福を喪失してゆく歴史として語られていることが分かります。このような旧約聖書の歴史理解が、キリスト教の信仰における、「イエス・キリストによってもたらされた救い」を理解する上での重要な前提となっています。

新約聖書の福音書の中には悪霊とか悪魔とかサタンとかが頻繁に登場しますが、これらは皆、「楽園喪失の物語」の中の人間を創造主である神からの離反に誘う、わたしたち人間を神に代わって支配しようとする「根源的な誘惑者」の姿なのです。福音書の中のイエス・キリストはそのような「誘惑者」の支配からわたしたちを解放するために神から遣わされた「神の子」、人類の救い主として語られています。キリスト教の信仰は、そのような「神の子」「わたしたちの全てのものの救い主」イエス・キリストを信じる信仰です。

「主の祈り」の中の「わたしたちを誘惑におちいらせず、悪よりお救いください」という祈りは、このような、わたしたちを神からの離反に誘う「誘惑者」からの救いを願う祈りです。この祈りを唱えるわたしたたちは、旧約聖書の中に語られ、新約聖書のイエス・キリストが「神の子」としてそれに対峙《じ》し、その支配を打ち破った「誘惑者」が今なおその「誘惑者」としての力をこの世界に及ぼし、わたしたちがその誘惑の脅威に晒《さら》されていることを告白し、「誘惑者」からの解放と救いを願っているのです。

3.「罪」の本質——神が与えた「掟」からの逸脱

それでは何故、創造主である神の祝福に満たされているはずの「楽園」の中に、人を神に対する離反に誘う「蛇」が登場するのでしょうか。ここにも、創世記の「楽園喪失」の物語が語ろうとしている「人間存在」、すなわちわたしたちが人間であることについての根本的な洞察が示されています。

「創造主である神」と、その「被造物である人間」の間にはこのような「蛇」が存在するのです。そして、人間だけが誘惑者としての「蛇」の存在に気付くのです。何故なら人間は、「蛇」が語りかけることが意味していることを理解できるからです。「蛇」は、創造主である神が人間に与えた「掟」には、人間を神の被造物として「拘束する」意味しかないと語りかけ、そのような「掟」を無視して、目の前の木の実を食べるように誘います。

人間は「蛇」の誘惑に惑わされて、神が禁じた木の実に「自ら進んで」手を伸ばしてしまうのです。人間はそのような行為が何を意味するか知りつつ、あえて、神が与えた「掟」から逸脱するのです。ここに、聖書が示す「罪」ということの本質が語られています。「楽園喪失」の物語は人間の「罪」によってもたらされた、わたしたち人類の歴史のあらゆる悲惨さの根源的発端を語っているのです。

4．人間の自由――「自主的な選択」ができる存在

創造主である神は人間に神の被造物として神の祝福のうちに生きることができるための「掟」を与えます。全ての被造物の中で神にかたどって神の似姿として創造された人間が他の被造物と異なる点は、人間だけが神が与えた「掟」に「自主的に」応える能力を与えられていることにあります。このことは、人間が神の与えた「掟」を知っていながら、それに背いて「善悪の知識の木の実」を食べてしまったことによって示されています（創世記3・1－3）。

この物語が示しているように、神が人間に与えた「掟」を知っているということは、人間は創造主としての神とその被造物としての自分との関係を知っているということです。そして、人間は「蛇」の誘惑に惑わされたとはいえ、自らの意志で、自らの選択によって、「神との関係性」を破棄してしまおうと望んだのです。わたしたち人間とはそのような存在であることを「善悪の知識の木の実」の物語は語っています。「楽園追放物語」の全体は、このような「自主的選択」が人間にその「責任」を負わせるものであることを語っています。そして、このことの全ては、人間は神との関係において「自由な人格」として、つまり、神との「パーソナル」な関係を生きることができる、真の「神の相手」としてこの世界に創造されたことを語っているのです。

5．神と人間との「愛のドラマ」

聖書はその全体を通して、人間との「パーソナル」な関係を創造した神と、神によって創造された人間との「愛のドラマ」を語っているのです。「愛」はパーソナルな関係においてのみ成立する関係です。神はわ

たしたち人間をそのような関係が成立する相手として創造され、わたしたちがその関係に目覚めることを期待して待ち続けておられるのです。これが聖書の全体が語る創造主である神とその被造物である人間との、人類の歴史の中で繰り広げられる「愛のドラマ」です。

神が創造された世界の中に、何故「蛇」が存在するのかといえば、「蛇」の存在によって人間は自分がどのようなものであるかを知ることができるからです。「蛇」の存在によって、人間は神の被造物としての自分に与えられている、「人格としての存在」の尊さを知ることができます。「神」の与えた「掟」に従うか、それに背くかの決断は人間の自由な選択に委ねられています。「愛によって人間を創造された神」は、神の愛に人格的な応答をすることができる「自由な人格」としてのわたしたち人間の応答を期待しておられます。

「天地の創造主、全能の父である神を信じます」というキリスト教の神への信仰を受け入れ、その信仰のうちに生きることを宣言する信仰宣言は、全てのものの創造主としてわたしたちをこの世界に呼び出した神、わたしたち人間への愛の招きに応えて生きることを誓う神への力強い信仰表明です。

この信仰表明によって、わたしたちは全てのものの創造主である神と向かい合い、神との人格的、パーソナルな関係を生きる者となります。旧約聖書にその源を持ち、教会に伝えられてきたキリスト教の信仰を受け入れてキリスト者となるということは、そのようなことなのです。

第4章

出エジプト記にみる「信仰の世界」

1．人間からの自由な愛の応答を求める神

「旧約聖書」という名称は、「新約聖書」に対するキリスト教独自の呼び方です。出エジプト記を含む創世記から申命記までの五巻の書物を、ユダヤの人々は今でも伝統的に「トーラー」と呼んでいます。「トーラー」は日本語では普通「律法」と訳されます。

しかし「律法」という訳語と「トーラー」の間には、見過ごしてはならない意味のずれがあります。出エジプト記から申命記に至る書物の中には、狭い意味での神の掟《おきて》としての律法が含まれていますが、創世記から申命記までの五巻の書物を「トーラー」と呼ぶとき、その訳語としての「律法」ということばの印象を修正しなければならないことに気付くはずです。

「トーラー」においては、創世記で見たように、天地創造の物語から始まり、アブラハムが神によって呼び出され、アブラハムに与えられた「祝福の約束」がアブラハム、イサク、ヤコブと続くイスラエルの民の

「父祖たち」に受け継がれたことが語られています。

アブラハムの子孫たちがイスラエルと呼ばれるようになったのは、創世記32章で語られている不思議な物語の中で、神がヤコブに「イスラエル」という名をお与えになったからです。それ以来ヤコブはイスラエルという名で呼ばれ、ヤコブの十二人の子供たちが「イスラエルの子ら」としてイスラエルの民の十二部族の祖となり、一つの民族として「旧約聖書」の歴史を担うことになるのです。

ヤコブは独り後に残った。そのとき、何者かが夜明けまでヤコブと格闘した。ところが、その人はヤコブに勝てないとみて、ヤコブの腿の関節を打ったので、格闘をしているうちに腿の関節がはずれた。「もう去らせてくれ。夜が明けてしまうから」とその人は言ったが、ヤコブは答えた。「いいえ、祝福してくださるまでは離しません」。「お前の名は何というのか」とその人が尋ね、「ヤコブです」と答えると、その人は言った。「お前の名はもうヤコブではなく、これからはイスラエルと呼ばれる。お前は神と人と闘って勝ったからだ」。「どうか、あなたのお名前を教えてください」とヤコブが尋ねると、「どうして、わたしの名を尋ねるのか」と言って、ヤコブをその場で祝福した。

（創世記32・25－30）

出エジプト記において、アブラハムの子孫たちはイスラエルの民となって「旧約聖書」の中に登場します。「トーラー」には、このアブラハムの子孫たちを神がエジプトから救い出し、シナイの山において彼らに御自分を示し、彼らと「契約」を結んで彼らの神となり、アブラハムに約束された「約束の地」へと導き帰る物語が語られています。この「トーラー」全体において語られていることが、イスラエルの民にとっての

「律法」ということばの意味なのです。

「律法」を神の掟としてのみ捉えてしまうとき、思い出さなければならないことがあります。それは、創世記の「楽園喪失」の物語の中で語られていたことです。「律法」には神が人間に与えた「掟」としてだけの意味しかない、と人間の心に吹き込んだのは「誘惑者としての蛇」の仕業でした。

「律法」をそのようにしか捉えられなくなるとき、神の掟としての「律法」はわたしたち人間を拘束するもの以外の何ものでもなくなってしまいます。けれども、神が人間に掟を与えられたのは、意味もなく人間の自由を拘束するためであったのではありません。むしろ、神は人間に掟を与えることによって、人間からの自由な愛の応答を期待しておられるのです。

2. 自らの意志で「掟」に従う存在

そのように捉えることができると、「律法」は、創造主である神によってその被造物の世界の中に創造された人間であるわたしたちへの、愛の招きであることが理解できるようになります。それとともに、わたしたちは、律法を通して人間だけに与えられている「人間であることの尊厳」に気付くことができるようになります。

わたしたちに与えられている神の御前における自由は、わたしたちをその自由によって勝手気ままな、あてどない放浪へと向わせるものではなくなります。「人間であることの尊厳」の根拠である自由は、全てのものの創造主である神に対して自由な応答をもって、その愛の招きに応えるために人間に与えられている最大の恵みなのです。その恵みによって、わたしたちは被造物の世界の中で神にとってかけがえのない存在とされているのです。

「トーラー」、いわゆる「律法」はイスラエルの民にとって、このような神の愛の招きの中にある「神の民」としての自己理解の源泉となっています。旧約のイスラエルの民にとって、神への信仰を生きるということは、「トーラー」によって伝えられている神と自分たちの関係を想い起こし、「トーラー」に示されている神との関係を生きるということなのです。

新約聖書の福音書の中で、イエス・キリストは、「わたしが来たのは律法や預言者を……廃止するためではなく、完成するためである」（マタイ5・17参照）と宣言しておられます。イエス・キリストは旧約の「トーラー」に示されている神の意志に、十字架の死に至る生涯を通して徹頭徹尾応えることによって、わたしたちに与えられている神の掟としての律法の意味を回復し、自らの意志をもって神の掟に従うことができる人間としてのかけがえのない尊厳を、身をもって開示してくださったのです。

3. 絶滅を狙うエジプトからの脱出《エクソダス》

出エジプト記は、エジプトの地に生きることになったイスラエルの子らの物語から始まっています。創世記の最後に語られている「ヨセフ物語」（創世記37章以降参照）に示されている神の計らいによって、飢饉《ききん》を避けるためにエジプトの地に身を寄せることになったイスラエルの子らの状況は、やがて、当時の世界の中心であったエジプトの政治情勢の変化によって一変します。

イスラエルの人々は子を産み、おびただしく数を増し、ますます強くなって国中に溢れた。そのころ、

ヨセフのことを知らない新しい王が出てエジプトを支配し、国民に警告した。「イスラエル人という民は、今や、我々にとってあまりに数多く、強力になりすぎた。抜かりなく取り扱い、これ以上の増加を食い止めよう。一度戦争が起これば、敵側に付いて我々と戦い、この国を取るかもしれない」。エジプト人はそこで、イスラエルの人々の上に強制労働の監督を置き、重労働を課して虐待した。イスラエルの人々はファラオの物資貯蔵の町、ピトムとラメセスを建設した。しかし、虐待されればされるほど彼らは増え広がったので、エジプト人はますますイスラエルの人々を嫌悪し、イスラエルの人々を酷使し、粘土こね、れんが焼き、あらゆる農作業などの重労働によって彼らの生活を脅かした。彼らが従事した労働はいずれも過酷を極めた。（出エジプト記1・7－14）

エジプトという当時の現実世界の只中に生きることになったイスラエルの子らは、神の祝福によって数を増やしていきます。けれども、そのことによって、彼らは当時の世界の現実であるエジプトに脅威を与える存在となったのです。それゆえに、エジプトの支配者であるファラオは彼らに強制労働を課し、さらにはその絶滅を図って、生まれてくる男の子を皆殺しにしようとしたのです。これが、出エジプト以前のイスラエルの子らが生きた現実です。

エジプト王は二人のヘブライ人の助産婦に命じた。一人はシフラといい、もう一人はプアといった。「お前たちがヘブライ人の女の出産を助けるときには、子供の性別を確かめ、男の子ならば殺し、女の子ならば生かしておけ」。助産婦はいずれも神を畏れていたので、エジプト王が命じたとおりにはせず、男の子も生かしておいた。エジプト王は彼女たちを呼びつけて問いただした。「どうしてこのようなことをしたのだ。お前たちは男の子を生かしているではないか」。助産婦はファラオに答えた。「ヘブライ人の女はエジプト人の女性とは違います。彼女たちは丈夫で、助産婦が行く前に産んでしまうのです」。神はこの助産婦たちに恵みを与えられた。民は数を増し、甚だ強くなった。助産婦たちは神を畏れていたので、神は彼女たちにも子宝を恵まれた。ファラオは全国民に命じた。「生まれた男の子は、一人残らずナイル川にほうり込め。女の子は皆、生かしておけ」。

（出エジプト記1・15－22）

出エジプト記の前半では、そのような苦境の中にあるイスラエルの子らが、その現実の中から救出されたことを語っています。彼らは神の大いなる力に満ちた導きによって、エジプトの現実から「脱出」することができたのです。このことは、やがて「神の民」とされるイスラエルの民の歴史の中に受け継がれていく、「トーラー」に示されている「イスラエルを救う神」への信仰の原点であり続けるのです。

「トーラー」を神への信仰の根本的なよりどころとしているユダヤの人々は、現在に至るまで、出エジプトの記念である「過越」の祭りを祝い続けています。

「過越」の祭りは、神の大いなる力に満ちた導きによってエジプトから救い出された「出エジプト」を記念する祭りです。この「過越」の祭りを祝うたびに、ユダヤの人々は今でも、出エジプト記に語られている、「神の民」としてのアイデンティティーである信仰による自己理解を新たにしています。

モーセは、イスラエルの長老をすべて呼び寄せ、彼らに命じた。「さあ、家族ごとに羊を取り、過越

の犠牲を屠《ほふ》りなさい。そして、一束のヒソプを取り、鉢の中の血に浸し、鴨居と入り口の二本の柱に鉢の中の血を塗りなさい。翌朝までだれも家の入り口から出てはならない。主がエジプト人を撃つために巡るとき、鴨居と二本の柱に塗られた血を御覧になって、その入り口を過ぎ越される。滅ぼす者が家に入って、あなたたちを撃つことがないためである。

あなたたちはこのことを、あなたと子孫のための定めとして、永遠に守らねばならない。また、主が約束されたとおりあなたたちに与えられる土地に入ったとき、この儀式を守らねばならない。また、あなたたちの子供が、『この儀式にはどういう意味があるのですか』と尋ねるときは、こう答えなさい。『これが主の過越の犠牲である。主がエジプト人を撃たれたとき、エジプトにいたイスラエルの人々の家を過ぎ越し、我々の家を救われたのである』と」。民はひれ伏して礼拝した。（出エジプト記12・21－27）

4．「救出」され「脱出」する神の民

イスラエルの民に受け継がれてきたこの信仰の祭りは、わたしたちにとってもキリスト教の信仰を受け入れ、その信仰を生きていく上で、この上なく重要な意味を持っています。後で詳しく見ることにいたしますが、キリスト教の信仰はイエス・キリストの十字架の死と復活によってもたらされた「新たな過越」、「新たな出エジプト」によって誕生した、民族の枠を超えた「新たな神の民」としての「教会」の中に伝えられてきた信仰だからです。

キリスト教の信仰は、イエス・キリストを救い主として信じる信仰です。この信仰における「救い」とは、イエス・キリストの十字架の死と復活によって、旧約聖書の出エジプト記に語られている、イスラエルの民

の信仰のよりどころである「神の救い」が、今やイエス・キリストを救い主として信じる全ての者にもたらされているという信仰の理解を示しているのです。

神の大いなる力によって、そこから「救出され」「脱出《エクソダス》」することができた、イスラエルの民が生きざるを得なかったエジプトの地の現実は、人類がその歴史を通して生きてきた世界の現実を語っているのです。イエス・キリストを「救い主」と信じる者たちは、主の十字架の死と復活において示されている「神」の大いなる力によって、それぞれが生きる「エジプトの現実」の中から、「神の民」となって「信仰の世界」へと「救出」され「脱出」していくのです。こうして、イスラエルの民にとってそうであったように、「トーラー」の中心である出エジプト記に語られている物語は、わたしたち自身の「信仰における経験」の物語となるのです。

今の教会の中でも、わたしたちはイエス・キリストの十字架の死と復活を記念するキリスト教の過越の祭りにおいて、イエス・キリストを「救い主」として信じる信仰を宣言し、洗礼を受けることによって、わたしたちが生きるこの世界の現実の中から、新約の神の民である「教会」の一員となって、「信仰の世界」へと「救出」され「脱出」していくのです。

5. モーセを呼び出す神

出エジプト記から申命記に至る「トーラー」において最も大きな役割を果たす人物はモーセです。この一人の人物に自らを示し、モーセを通して自らの意志をイスラエルの民に示された「神」は、「トーラー」の中心であるイスラエルの「主」となられる神の姿です。出エジプト記を中心とする「トーラー」において、この世界の「創造主である神」は「イスラエルの主」としてこの世界の中に新たに御自分を示されるのです。創世記12章において、アブラハムを呼び出され、アブラハムとその子孫に「地上のすべての氏族のための祝福の源」(創世記12・3参照)となる使命を与え、それが実現することを誓われた神は、出エジプトのために、今新たにモーセを呼び出されるのです。このことは出エジプト記3章に語られています。

モーセは、しゅうとでありミディアンの祭司であるエトロの羊の群れを飼っていたが、あるとき、その群れを荒れ野の奥へ追って行き、神の山ホレブに来た。そのとき、柴の間に燃え上がっている炎の中に主の御使いが現れた。彼が見ると、見よ、柴は火に燃えているのに、柴は燃え尽きない。モーセは言った。「道をそれて、この不思議な光景を見届けよう。どうしてあの柴は燃え尽きないのだろう」。主は、モーセが道をそれて見に来るのを御覧になった。神は柴の間から声をかけられ、「モーセよ、モーセよ」と言われた。彼が、「はい」と答えると、神が言われた。「ここに近づいてはならない。足から履物を脱ぎなさい。あなたの立っている場所は聖なる土地だから」。神は続けて言われた。「わたしはあなたの父の神である。アブラハムの神、イサクの神、ヤコブの神である」。モーセは、神を見ることを恐れて顔を覆った。

(出エジプト記3・1－6)

それ以前の出エジプト記1章と2章には、エジプトにおけるイスラエルの子らが生きた現実の中に生を受けたモーセの数奇な運命が語られています。エジプトの地に生きたイスラエルの子らの過酷な現実と、その中を生き延びたモーセの挫折の人生を語った後で、2章の終わりに、出エジプトの出来事の「原動力」となった神の姿がさりげなく示されています。

それから長い年月がたち、エジプト王は死んだ。その間イスラエルの人々は労働のゆえにうめき、叫んだ。労働のゆえに助けを求める彼らの叫び声は神に届いた。神はその嘆きを聞き、アブラハム、イサク、ヤコブとの契約を思い起こされた。神はイスラエルの人々を顧み、御心に留められた。

（出エジプト記2・23－25）

これが、トーラーが語る「信仰の世界」の神の姿です。神を信じるとは、ここに示されている神を信じるということです。神はこの世界の現実がたとえどのように推移しようとも、御自分の約束されたことを反故にされることはないのです。ここに、旧約・新約聖書を貫いて示されている最も根源的な神への信仰の根拠が示されています。それは「神のことば」の絶対性です。神は自らのことばを裏切ることがない「まこと」そのものの方として、わたしたち人間の世界を超えたお方なのです。神を信じるとは、神のことばの絶対性を信じるということです。聖書に記されている神のことばは必ず実現するということを信じることです。

6．モーセに自らを示す神

出エジプト記2章の終わりに語られていることが、どのようにしてこの世界の現実の中で生起したかということが出エジプト記の3章以降で語られています。それらの出来事の発端は、モーセがホレブの山、すなわちシナイ山の麓で体験した神の顕現の出来事です。出エジプトの出来事の全ては、シナイの山の燃える柴の中からモーセを呼ばれた神のイニシアチブによることであったのです。

モーセが初めて神の顕現を体験した物語は実に感動的です。シナイの山の燃える柴の中に顕現された神はモーセに向かって「モーセ、モーセ」と呼びかけられます。モーセが神を知る前に、神はモーセを知っておられるのです。

神が、その名を呼ばれるということは、出エジプト記1章から2章に語られていたモーセの、それまでたどってきた歩みの全てを神が知っていてくださったということです。ここに示されている神はそのような神です。そしてこの神こそ、わたしたちが信じる神の御姿なのです。神はわたしたちが神を知る前にわたしたちを知っていてくださるのです。

エジプトの過酷な現実を生きたイスラエルの人々の苦難を、彼らが神を知る前に神は知っていてくださったのです。その神が今、モーセを呼び寄せておられるのです。燃える柴の中からの神の呼び声に対して、モーセは「はい」と応えています。

神の呼び声に対するモーセの応えは、原文では「ヒネニー」となっていて、それは「わたしはここにおります」いう意味になります。モーセは自分に呼びかけた神に対して「ご覧ください。わたしはここにおります」と応えたのです。モーセのこの応えには深い意味があります。自分の名を呼ばれた神に「はい」と答えることによって、モーセは神の御前に立つ者となったのです。

今の教会で洗礼式が行われる時、司式者は洗礼を受けるわたしたちの名を呼び上げ、わたしたちはそれに「はい」と答えて祭壇の前に進みでます。こうして、わたしたちも神のみ前に立つ者となり、「信仰の世界」を目指して歩み始めるのです。

7. アブラハムとモーセ

創世記の「楽園喪失」の物語の中で、神が禁じた木の実を食べてしまったアダムは、神の呼び声を聞いたとき神を恐れて身を隠そうとします。それに対して、モーセは自分の名を呼ばれた神に対して、「ご覧ください。わたしはここにおります」と応えます。このモーセの応答によって、これ以降の彼の人生はそれまでとは全く異なったものとなり、神はそのモーセを通して御自分の意志をイスラエルの民の中に実現していかれるのです。

シナイの燃える柴の中から神がモーセを呼ばれた「モーセの召命」の物語は旧約聖書、新約聖書を通して示されている「神のこの世界への新たな関わり方」を特徴づける重要な意味を持っています。創世記において、アブラハムに呼びかけ、地上の全ての氏族、すなわち全人類に対する神の祝福の源となる使命と約束を与えられた神は、出エジプト記において新たにモーセという一人の人を呼び出します。それは、この彼を通して、エジプトの地に生きるアブラハムの子孫たちを、御自分の民として約束の地に導く御計画を実現させるためであったのです。

アブラハムを呼び出すことによって、それ以前の楽園喪失以降の世界の中に新たな御計画を開始された神は、今またモーセを呼び出し、この一人の人を通して御自分の御計画をこの世界の歴史の中に実現されるのです。聖書が示す神はこのようにして、アダムの子孫である人類の神に対する反逆にもかかわらず御自分が創造されたこの世界の中に、常に新たにその御計画を実現していかれるのです。そして、神のこの御計画は旧約のイスラエルの民の歴史を貫いて、それを越え、イエス・キリストという一人のお方を通して今や全世界の全ての人々の中に実現していくのです。

こうして、地上の全ての氏族の祝福の源となるようにと神がアブラハムに約束された御計画は、アブラハムの子孫の中に生を受けて「一人の人」となった「神の子」イエス・キリストを通して、イスラエルの民ではないわたしたちにも及ぶものとなったのです。

これが、キリスト教の信仰において信じられているイエス・キリストへの信仰です。そのため、旧約のトーラーにおいて語られていることを前提とすることなしに、イエス・キリストを救い主として信じるキリスト教の信仰を完全には理解することはできないのです。

8．モーセに示された「神の名」

燃える柴の中からモーセの名を呼ばれた神は、「わたしはあなたの父の神である。アブラハムの神、イサクの神、ヤコブの神である」（出エジプト記3・6）と呼びかけます。こうしてモーセに御自分を示された神は次のように語りかけます。

「わたしは、エジプトにいるわたしの民の苦しみをつぶさに見、追い使う者のゆえに叫ぶ彼らの叫び声を聞き、その痛みを知った。それゆえ、わたしは降って行き、エジプト人の手から彼らを救い出し、この国から、広々としたすばらしい土地、乳と蜜の流れる土地、カナン人、ヘト人、アモリ人、ペリジ人、ヒビ人、エブス人の住む所へ彼らを導き上る。見よ、イスラエルの人々の叫び声が、今、わたしのもとに届いた。また、エジプト人が彼らを圧迫する有様を見た。今、行きなさい。わたしはあなたをファラオのもとに遣わす。わが民イスラエルの人々をエジプトから連れ出すのだ」。

(出エジプト記3・7−10)

この語りかけこそは、モーセを呼び出された神が、モーセを通して実現しようとしておられる神の御計画です。神は今その御計画をモーセに示し、彼をエジプトへと「派遣」されるのです。他の者には窺《うかが》い知ることができない神とのこの語り合いの中で、モーセは自分に顕現された神にあらためてその名を尋ねます。

モーセは神に尋ねた。「わたしは、今、イスラエルの人々のところに参ります。彼らに、『あなたたちの先祖の神が、わたしをここに遣わされたのです』と言えば、彼らは、『その名は一体何か』と問うにちがいありません。何と答えるべきでしょうか」。

(出エジプト記3・13)

この問に対する神の答えが、出エジプト記3章14節以下に示されています。『聖書 新共同訳』に従えば、神はモーセに「わたしはある。わたしはあるという者だ」と答えられます。ここに神の名が啓示されていると考えられています。けれども、ここに示された神の名は独特な響きを持っています。むしろそれは響きを持たない神の「名」の啓示なのです。

ヘブライ語の原典では、ここに示された神の御名は、「ある」を意味する発音記号を持たない四つの文字で表記されています。ユダヤの人々は今でも、聖書を朗読する際にこの御名前が出てくると、頭を垂れてこの御名前そのものを発声せずに、その代わりに『主』と心の中で唱えています。神がお示しになられた御名前は人が軽々しく口にすべきものではないのです。

家庭において子どもたちは父親や母親の名前を呼ぶことはありません。その必要がないからです。イスラエルの民にとってばかりでなく、わたしたちにとっても、神との関係は本来そのようなものです。それでも、神がその御名前を啓示してくださったことは、イスラエルの民にとって大きな喜びであったにちがいありません。神の御名前を知ることによって、彼らは神がどのような方であるかをあらためて知ることができたからです。

神はモーセに、「わたしはある。わたしはあるという者だ」と言われ、また、「イスラエルの人々にこう言うがよい。『わたしはある』という方がわたしをあなたたちに遣わされたのだと」。神は、更に続けてモーセに命じられた。

「イスラエルの人々にこう言うがよい。あなたたちの先祖の神、アブラハムの神、イサクの神、ヤコブの神である主がわたしをあなたたちのもとに遣わされた。これこそ、とこしえにわたしの名、これこそ、世々にわたしの呼び名。さあ、行って、イスラエルの長老たちを集め、言うがよい。『あなたたちの先祖の神、アブラハム、イサク、ヤコブの神である主がわたしに現れて、こう言われた。わたしはあなたたちを顧み、あなたたちがエジプトで受けてきた仕打ちをつぶさに見た。あなたたちを苦しみのエジプトから、カナン人、ヘト人、アモリ人、ペリジ人、ヒビ人、エブス人の住む乳と蜜の流れる土地へ導き上ろうと決心した』と」。

（出エジプト記3・14－17）

ここに神の名が厳かに啓示されています。イスラエルの父祖たち、アブラハムの神、イサクの神、ヤコブの神は、今や、「わたしはある」というその御名前を示すことによって、エジプトの地に生きてきたイスラエルの人々とともにあることを示してくださったのです。

エジプトの「多神教」の神々に満ちた、しかし、真の神を見出すことができない苦しみの中に生きてきたイスラエルの人々に「モーセを呼び出された神」はあらためてその存在を示されたのです。神はわたしたちのどのような悲惨な現実の中にあっても、「わたしはある」ということを示し続けてくださるのです。神の名は単に神の呼び名ではありません。モーセとイスラエルの人々が生きたこの世界の現実の中に、神自ら「神」が存在しておられることを啓示されるのです。神を信じるとは、この世界に「わたしはある」と語りかけ、この世界に向かって御自分の存在を宣言する「神」を信じるということなのです。

9．神の主権の現れとしての出エジプト

モーセを呼び出し、派遣することによって、エジプトの地に生きるイスラエルの子らに「わたしはある」というその「名」を示された神は、そのことによって世界に向かってその「名」を示されます。天地の創造主である神は、今やその大いなる力に満ちた介入によって、「わたしはある」ということをこの世界の中に示されるのです。出エジプトの出来事の中で語られている、神がモーセを通して行われた数々の奇跡はそのことを語ろうとしているのです。「わたしはある」というその「名」を示された神は、イスラエルの子らが生きるエジプトの現実に向かって、創造主としてのその絶対的主権を示されるのです。それは、創造主である神が「わたしはある」というこの世界に対するその主権を宣言し、行使する出来事であったのです。

この世界の「創造主である神」が一度この世界に対して「わたしはある」という創造主としての主権を宣言されるとき、神のその主権の要求を認めようとしないこの世界は、出エジプト記に語られているエジプトがたどった運命を経験しなければならなくなるのです。この世界の創造主である神は、神の主権の要求を認めようとせず、それに逆らい続ける世界に対して、創造主としてこの世界に与えておられるその恵みを取り去り、この世界を破滅へと追いやることがおできになるのです。

主は、地上に人の悪が増し、常に悪いことばかりを心に思い計っているのを御覧になって、地上に人を造ったことを後悔し、心を痛められた。主は言われた。「わたしは人を創造したが、これを地上からぬぐい去ろう。人だけでなく、家畜も這うものも空の鳥も。わたしはこれらを造ったことを後悔する」。しかし、ノアは主の好意を得た。

（創世記６・５－８）

このような創造主である神の絶対的な主権への信仰は、創世記６章以降のノアの洪水の物語の中ですでに表明されていました。創造主である神への信仰は、その被造物であるこの世界を滅ぼすことができる神の絶対的な主権を認め、そのような神を畏れる感覚をわたしたちに求めています。神を信じて生きるということは、最も基本的には、そのような神への畏れをもって生きるということです。

出エジプト記に語られているエジプトのファラオとその軍勢がたどった運命は、そのような神への畏れを忘れないようにとの警告の物語となっているのです。イスラエルの子らを抑圧したエジプトに下された数々の災害と、葦《あし》の海におけるファラオとその軍勢の壊滅のありさまを語る物語は、エジプトの地に生きたアブラハムの子らにとって、彼らの絶滅を図ったエジプトの脅威からの神の絶大な力による救出を語る物語となっています。

現代の日本に生きるわたしたちは出エジプト記のこのような物語を読むとき、そこに示されている神の御姿に思わず違和感を持ってしまうかもしれません。神のエジプトに対する仕打ちはわたしたちが持っている神のイメージに合わないと感じてしまうかもしれません。それは、わたしたちがここに語られていることから距離を置いて、さらには、わたしたちが生きている現実を捨象して、単なる「客観的」読者として「安全地帯」に身を置いているからです。

しかし、わたしたちが本当に「聖書を読む」とき、そのような「安全地帯」はあり得ないことが分かってくるはずです。わたしたちが生きている世界の現実もまた、エジプトの地に生きたイスラエルの子らが経験した「エジプトの脅威」に曝《さら》されていることを思わざるを得なくなるからです。

わたしたちが生きている、わたしたちを取り囲む現実は、出エジプト記に語られているイスラエルの子らが生きた「エジプトの現実」と同様に、どこを見ても、そこからの脱出口を見出すことができない脅威となってわたしたちの生存を脅かしています。

エジプトの地に生きたイスラエルの子らは、彼らを取り囲み彼らの生存を脅かす「エジプトの支配」を打ち破った神の絶対的な主権の行使によって、彼らを脅かしていたエジプトの現実の中から救い出されたのです。イスラエルの民がその聖書全体を通して証している神への信仰は、出エジプト記にこれ以上にはない仕方で表明されている、如何なる現実をも変えることのできる神への信仰なのです。

10．「神の憐れみ」と約束を守る「神のまこと」

旧約聖書を残したイスラエルの民は、ここに示されている神への信仰の中に生きており、そしてその信仰は、この民の中に人間として生を受けたイエス・キリストを通して、キリスト教の神への信仰の根幹に流れています。

わたしたちの生存を脅かすこの世界の如何なる現実をも打ち破り、この現実の脅威に曝《さら》されている者たちをその中から救い出すことができる、全てのものの創造主である神の絶対的な愛の主権に希望を託すことが神を信じるということです。そのような神の「わたしはある」という絶対的な主権の宣言を受け入れることが神を信じるということなのです。

以上見てきたように、出エジプト記の物語において、旧約のイスラエルの民が見出した「神」への信仰を形成している最も基本的・本質的な「二つの柱」が示されていることが分かります。その一つは、エジプトの地の苦難の現実の中に生きざるを得なくなったイスラエルの子らに目を留め、彼らの叫びを聴き、そこから彼らを救い出す神の力ある業《わざ》の中に示された「神のいつくしみと憐れみ」であり、更にもう一つは、エジプトの地に生きるアブラハムの子らに対する、彼らの祖先であるアブラハムとの約束を忘れることのなかった「神のまこと」です。

ここに、旧約聖書のイスラエルの民がその全歴史を通して絶えず思い起こすことになる、彼らの『主』となられた神への信仰の根拠が神によって与えられています。すなわち、旧約聖書のイスラエルの民の神への信仰は、彼らがその苦難の歴史を通して見出した、「神のまこと」と、この世界の現実の中で苦難に曝されている者たちに対する神の一方的な、えこひいきとも思えるほどの「憐れみ」にその根拠を見出しているのです。

　そして、この神への信仰を生きる者たちに神によって与えられている「神のまこと」と苦しみの中ある者たちへの「神の憐れみ」は、イエス・キリストの十字架の死と復活において決定的にこの世界に対して示されます。キリスト教のイエス・キリストへの信仰の根拠もこの「二つの柱」、つまり、イエス・キリストがこの世の生をもって示された「神のまこと」と「神の憐れみ」に基づいているのです。

第5章 シナイへの旅・神の救い

1. 神への信仰によって脱出できたのか

出エジプト記に語られているエジプトからの脱出の物語は、モーセを通して示された神の一方的な歴史への介入行為として語られています。エジプトの地に生きていた人々は、自分たちが持っていた神への信仰によってエジプトから脱出したのではありません。

彼らは、それをバネにして、自分たちからエジプトを脱出することができるほどの強い信仰を持ち得なくなっていたのです。彼らがその悲惨な現実の中で挙げていた叫びを神が聴いてくださったことによって、彼らが意識して自分たちから求めたわけではない出エジプトの出来事が実現されていったのです。

つまり、出エジプト記に語られているエジプト脱出の出来事は、エジプトの地に生きていた人々の信仰によって生起したのではないのです。彼らは、もはや自分たちが創世記に語られていたイスラエルの子らであることに何の意味も見出せなくなっていたのです。だから、モーセに御自分を示された神は、御自分がアブラハムの神、イサクの神、ヤコブの神であるとあらためて告げ、その御自分が「ある」ということをお示しにならなければならなかったのです。

エジプトを脱出した人々は、彼らの神への信仰によってエジプトの地から脱出することができたのではないとここに述べたことは、キリスト教の信仰をわたしたちのものとする上で極めて重要な点です。キリスト教の信仰においては、わたしたちの信仰が先にあるのではありません。わたしたちが神を信じるから、その信仰に応えて神がわたしたちを救ってくださるというのではありません。

これまで見てきた出エジプトの出来事から分かることは、エジプトの地に生きていた人々はモーセを通して告げられた、彼らの将来を切り開こうとされる神からの一方的な申し出を受け入れることによって、彼らを束縛していたエジプトから脱出していくことができたのです。彼らの信仰が神を動かしたのではありません。むしろ、モーセを通して宣言された神のことばに動かされ、それを受け入れることによって、彼らは行先も定かではない出エジプトの旅へと旅立っていったのです。

出エジプトの物語において語られている信仰理解は、キリスト教における信仰を理解する上で極めて重要です。キリスト教の信仰とは、イエス・キリストの十字架の死と復活という出来事を通して示されている神のわたしたちに対する絶対的な救いの意志を受け入れ、それに応えていくことだからです。

キリスト教の信仰の中核をなすイエス・キリストへの信仰は、出エジプト記に語られているこのような信仰理解がその基をなしているのです。旧約聖書のトーラーにおいて示されている神とイスラエルの民の関係についての根本理解は、旧約聖書の全歴史を貫くイスラエルの民の信仰を特徴づけており、それが新約のキリスト教の信仰理解の基となっているのです。

2. 行く手に待ち受けていたもの

エジプトの地に生きていたイスラエルの人々は、神がモーセを遣わしてエジプトの地で行われた驚くべき御業《みわざ》を目の当りにし、神がモーセとともにあることを知って、彼のことばに従って、その導きに行く手を託してエジプトの地を後にします。

しかし、その旅の行く手に待ち受けていたのは茫漠《ばくばう》たる荒野を行く旅でした。彼らが自分たちの信仰に基づいて、自分たちの意志でエジプトを脱出したのなら、彼らの祖先たちがエジプトに来た時と同じ道を通って祖先たちの地に帰っていったことでしょう。海沿いの古くからの隊商路を行けば、彼らはずっと容易に目的の地にたどり着くことができたはずです。

けれども、モーセが彼らを導き入れたのは最短コースから外れた荒野への道でした。その道が行く手を海に阻まれた時、一旦はイスラエルの子らの出立を認めたファラオが軍勢を従えて背後から迫ってきたのです。その絶体絶命の危機の中で、エジプトの地を後にしてきた人々は、悲鳴を上げてモーセに言うのです。

「我々を連れ出したのは、エジプトに墓がないからですか。荒れ野で死なせるためですか。一体、何をするためにエジプトから導き出したのですか。我々はエジプトで、『ほうっておいてください。自分たちはエジプト人に仕えます。荒れ野で死ぬよりエジプト人に仕える方がましです』と言ったではありませんか」。

（出エジプト記14・11－12）

これが、エジプトで神がモーセを通して行われた数々の奇跡を体験し、旅立ちの過越の食事をともにしてエジプトを出てきた人々の信仰の実体です。それは神を信じながらも、この世の現実の中に生きざるを得ない今の時代のわたしたち自身の信仰の姿でもあるのです。そのような人々を前にしてモーセは言います。

「恐れてはならない。落ち着いて、今日、あなたたちのために行われる主の救いを見なさい。あなたたちは今日、エジプト人を見ているが、もう二度と、永久に彼らを見ることはない。主があなたたちのために戦われる。あなたたちは静かにしていなさい」。

（出エジプト記14・13－14）

絶体絶命の境地の中でモーセが人々に求めることは、「静かにしていなさい」ということです。主である神が彼らのために戦ってくださるからです。神を信じるとはこのようなことです。目の前の現実の脅威にしか目が行かないわたしたちにとって、まだ目にすることのできない、神がなさろうとしておられる救いの御業を信じるということが、いかに困難であるかということをこの物語は告げています。

モーセの制止にもかかわらず、窮地に陥って動揺と混乱に陥った人々の前に神がその驚天動地の大いなる力ある御業を示されたことが、出エジプト記14章15節以下の「葦《あし》の海の物語」の中で語られています。

主はモーセに言われた。「なぜ、わたしに向かって叫ぶのか。イスラエルの人々に命じて出発させなさい。杖を高く上げ、手を海に向かって差し伸べて、海を二つに分けなさい。そうすれば、イスラエルの民は海の中の乾いた所を通ることができる。しかし、わたしはエジプト人の心をかたくなにするから、彼らはお前たちの後を追って来る。そのとき、わたしはファラオとその全軍、戦車と騎兵を破って栄光を現す。わたしがファラオとその戦車、騎兵を破って栄光を現すとき、エジプト人は、わたしが主であることを知るようになる」。

イスラエルの部隊に先立って進んでいた神の御使いは、移動して彼らの後ろを行き、彼らの前にあった雲の柱も移動して後ろに立ち、エジプトの陣とイスラエルの陣との間に入った。真っ黒な雲が立ちこめ、光が闇夜を貫いた。両軍は、一晩中、互いに近づくことはなかった。モーセが手を海に向かって差し伸べると、主は夜もすがら激しい東風をもって海を押し返されたので、海は乾いた地に変わり、水は分かれた。イスラエルの人々は海の中の乾いた所を進んで行き、水は彼らの右と左に壁のようになった。エジプト軍は彼らを追い、ファラオの馬、戦車、騎兵がことごとく彼らに従って海の中に入って来た。朝の見張りのころ、主は火と雲の柱からエジプト軍を見下ろし、エジプト軍をかき乱された。戦車の車輪をはずし、進みにくくされた。エジプト人は言った。「イスラエルの前から退却しよう。主が彼らのためにエジプトと戦っておられる」。

主はモーセに言われた。「海に向かって手を差し伸べなさい。水がエジプト軍の上に、戦車、騎兵の上に流れ返るであろう」。モーセが手を海に向かって差し伸べると、夜が明ける前に海は元の場所へ流れ返った。エジプト軍は水の流れに逆らって逃げたが、主は彼らを海の中に投げ込まれた。水は元に戻り、戦車と騎兵、彼らの後を追って海に入ったファラオの全軍を覆い、一人も残らなかった。イスラエルの人々は海の中の乾いた所を進んだが、そのとき、水は彼らの右と左に壁となった。主はこうして、その日、イスラエルをエジプト人の手から救われた。イスラエルはエジプト人が海辺で死んでいるのを見た。イスラエルは、主がエジプト人に行われた大いなる御業を見た。民は主を畏れ、主とその僕モーセを信じた。

（出エジプト記14・15－31）

3．常に新たにされる記念

年ごとの過越の祭りの中で、ここに語られている彼らの祖先が体験した神の大いなる救いの御業を記念し続けてきたイスラエルの民にとって、この物語が語ることは、決して自分たちの祖先が体験したと語り伝えられている、彼らにとって過去の出来事なのではありません。

この物語において語られている、彼らの祖先たちをエジプトから救い出された神と、神によってエジプトの地から救い出された彼らの祖先の神との関係は、あらゆる時代のイスラエルの民にとって、神と自分たちとの関係を想い起こさせる神からの啓示なのです。

それがイスラエルの民が今日に至るまで繰り返し祝っていた「過越の記念の祭り」が持つ意味なのです。「過越の祭り」において記念される出エジプト記に語られているイスラエルの神は、この祭りを祝う人々に対しても、御自分の「現存」を示し続けておられるのです。

葦の海での神の畏るべき救いの御業を目の当りにしたこの物語の中のイスラエルの人々は、神が自分たちのために示してくださった、その大いなる力ある救いの御業をたたえて、モーセの姉である女預言者ミリアムの音頭にあわせて神への賛美の歌を歌ったと語られています。

アロンの姉である女預言者ミリアムが小太鼓を手に取ると、他の女たちも小太鼓を手に持ち、踊りながら彼女の後に続いた。ミリアムは彼らの音頭を取って歌った。主に向かって歌え。主は大いなる威光を現し馬と乗り手を海に投げ込まれた。

（出エジプト記15・20－21）

このことの記念である過越の祭りを祝う、その後の全世代のイスラエルの民は、その都度の彼らの過越の祭りの中で出エジプト記15章1節から18節に収録されている「海の歌」が歌われるたびに、自分たちの祖先を救い出された神の前に頭を垂れて、自分たちの救い主である神をたたえて歌われるこの賛美の歌を唱和し続けてきたのです。

モーセとイスラエルの民は主を賛美してこの歌をうたった。主に向かってわたしは歌おう。主は大いなる威光を現し、馬と乗り手を海に投げ込まれた。主はわたしの力、わたしの歌、主はわたしの救いとなってくださった。この方こそわたしの神。わたしは彼をたたえる。わたしの父の神、わたしは彼をあがめる。主こそいくさびと、その名は主。主はファラオの戦車と軍勢を海に投げ込み、えり抜きの戦士は葦の海に沈んだ。深淵が彼らを覆い、彼らは深い底に石のように沈んだ。

あなたは彼らを導き、嗣業の山に植えられる。主よ、それはあなたの住まいとして、自ら造られた所、主よ、御手によって建てられた聖所です。主は代々限りなく統べ治められる。

ファラオの馬が、戦車、騎兵もろとも海に入ったとき、主は海の水を彼らの上に返された。しかし、イスラエルの人々は海の中の乾いた所を進んだ。

（出エジプト記15・1－5、17－19）

カトリック教会で日曜日ごとに祝われるミサの中で、旧約の過越の祭りに歌われたこの賛歌は、同じモチーフを奏でる超時間的音色となって響き続けています。ミサの中で祝われているのは、イエスの最後の晩餐においてその意味が開示されている、イエス・キリストの十字架の死と復活で示されている神のこれ以上にはない愛による決定的な救いの御業です。

過越の祭りを祝ってきたイスラエルの民にとって、そこで祝われることは決して過去に起こったと語り伝えられている聖書の中の出来事に過ぎないのではありません。それと同様に、ミサにおいて記念される、イエス・キリストの十字架の死と復活においてもたらされた神のこれ以上にはない愛による救いの御業は、ミサに参加し、その神の救いの御業を記念して賛美と感謝をささげるわたしたちを、その場において、神のこの救いの恵みにあずかる者たちとするのです。ミサにおいて記念されるイエスの十字架の死と復活は今のわたしたちにとっても現在の出来事となるのです。

4．シナイへの旅で耐え切れなくなる人々

葦の海の出来事において語られている、神の驚天動地の救いの御業を体験し、熱狂的な喜びの賛歌を歌うことができた人々は、しかし、さらに先へと歩み続けなければなりませんでした。しかも、その行く手は、これまでと変わることのない荒れ野を行く道だったのです。

わたしたちが歩む信仰の道もこのような道です。なぜなら、わたしたちの歩む信仰の道は、わたしたちの人生の中を歩む道だからです。洗礼によって歩み始める信仰の道は、見出すことができたその信仰に力を得て、しかし、洗礼の前と変わることのないこの世の人生を歩み通す旅へと再びわたしたちを導き入れるので

す。

モーセにしか示されてはいない道の行く手をモーセに委ねて行く人々は、目の前の荒れ野の現実の中に飲み込まれてしまいます。旅の中で自分たちが体験したはずの、あれほどの歓喜の歌声をもって自分たちがたたえた神の大いなる救いの御業を想い起こすことさえできなくなってしまったかのようです。

「我々はエジプトの国で、主の手にかかって、死んだ方がましだった。あのときは肉のたくさん入った鍋の前に座り、パンを腹いっぱい食べられたのに。あなたたちは我々をこの荒れ野に連れ出し、この全会衆を飢え死にさせようとしている」。

（出エジプト記16・3）

荒れ野の旅の道々で人々は思わず不平を口にして、モーセとアロンに向かってこのように言うのです。出エジプト記16章に語られているマナの奇跡の物語の中の人々の叫びです。

「なぜ、我々をエジプトから導き上ったのか。わたしも子供たちも、家畜までも渇きで殺すためなのか」。

（出エジプト記17・3）

出エジプト記17章に語られているマサとメリバと名付けられた土地での人々の口から出たことばです。神からの使命を受けて人々を荒れ野の旅へと導き入れたモーセとアロンに向かって、その旅が困難に直面するたびに、人々は彼らに対する非難に満ちた反抗の叫びの声を上げます。その声は、この箇所においてだけではなく、荒れ野の旅の間、繰り返し人々の口から発し続けられる叫びです。

5．二つの奇跡物語

このような人々を前にして、困難を極めた荒れ野を行く旅の中で神が行われた二つの奇跡の物語がここで語られています。出エジプト記16章では、神がモーセを通して予告されたマナとうずらの奇跡が語られ、17章では岩から湧き出した水の奇跡が語られています。

主はモーセに言われた。「見よ、わたしはあなたたちのために、天からパンを降らせる。民は出て行って、毎日必要な分だけ集める。わたしは、彼らがわたしの指示どおりにするかどうかを試す。ただし、六日目に家に持ち帰ったものを整えれば、毎日集める分の二倍になっている」。モーセとアロンはすべてのイスラエルの人々に向かって言った。「夕暮れに、あなたたちは、主があなたたちをエジプトの国から導き出されたことを知り、朝に、主の栄光を見る。あなたたちが主に向かって不平を述べるのを主が聞かれたからだ。我々が何者なので、我々に向かって不平を述べるのか」。モーセは更に言った。「主は夕暮れに、あなたたちに肉を与えて食べさせ、朝にパンを与えて満腹にさせられる。主は、あなたたちが主に向かって述べた不平を、聞かれたからだ。一体、我々は何者なのか。あなたたちは我々に向かってではなく、実は、主に向かって不平を述べているのだ」。モーセがアロンに、「あなたはイスラエルの人々の共同体全体に向かって、主があなたたちの不平を聞かれたから、主の前に集まれと命じなさい」と言うと、アロンはイスラエルの人々の共同体全体にそのことを命じた。彼らが荒れ野の方を見ると、見よ、主の栄光が雲の中に現れた。

主はモーセに仰せになった。「わたしは、イスラエルの人々の不平を聞いた。彼らに伝えるがよい。『あなたたちは夕暮れには肉を食べ、朝にはパンを食べて満腹する。あなたたちはこうして、わたしがあなたたちの神、主であることを知るようになる』と」。

夕方になると、うずらが飛んで来て、宿営を覆い、朝には宿営の周りに露が降りた。この降りた露が蒸発すると、見よ、荒れ野の地表を覆って薄くて壊れやすいものが大地の霜のように薄く残っていた。イスラエルの人々はそれを見て、これは一体何だろうと、口々に言った。彼らはそれが何であるか知らなかったからである。モーセは彼らに言った。「これこそ、主があなたたちに食物として与えられたパンである。主が命じられたことは次のことである。『あなたたちはそれぞれ必要な分、つまり一人当たり一オメルを集めよ。それぞれ自分の天幕にいる家族の数に応じて取るがよい』」。

イスラエルの人々はそのとおりにした。ある者は多く集め、ある者は少なく集めた。しかし、オメル升で量ってみると、多く集めた者も余ることなく、少なく集めた者も足りないことなく、それぞれが必要な分を集めた。

（出エジプト記16・4－18）


主の命令により、イスラエルの人々の共同体全体は、シンの荒れ野を出発し、旅程に従って進み、レフィディムに宿営したが、そこには民の飲み水がなかった。民がモーセと争い、「我々に飲み水を与えよ」と言うと、モーセは言った。「なぜ、わたしと争うのか。なぜ、主を試すのか」。

しかし、民は喉が渇いてしかたないので、モーセに向かって不平を述べた。「なぜ、我々をエジプトから導き上ったのか。わたしも子供たちも、家畜までも渇きで殺すためなのか」。

モーセは主に、「わたしはこの民をどうすればよいのですか。彼らは今にも、わたしを石で打ち殺そうとしています」と叫ぶと、主はモーセに言われた。「イスラエルの長老数名を伴い、民の前を進め。また、ナイル川を打った杖を持って行くがよい。見よ、わたしはホレブの岩の上であなたの前に立つ。あなたはその岩を打て。そこから水が出て、民は飲むことができる」。

モーセは、イスラエルの長老たちの目の前でそのとおりにした。彼は、その場所をマサ（試し）とメリバ（争い）と名付けた。イスラエルの人々が、「果たして、主は我々の間におられるのかどうか」と言って、モーセと争い、主を試したからである。

（出エジプト記17・1－7）


神は人々の願い求める祈りに応えて、このようなことを行われたのではありません。彼らは、あれほどの驚くべき力ある御業をもって、自分たちをエジプトの地から救い出された神への信頼を忘れ、むしろ神に反抗してエジプトに戻りたいと、モーセとアロンに向かってあからさまに言い立てるのです。

そのような人々の反抗心を鎮めるために、神はこのような不思議な御業を荒れ野の旅の全行程にわたってなし続けてくださるのです。それは、憐れみによるその御計画をこのような人々のために成し遂げられようとしておられる神の絶対的な救いの意志を貫き通すためだったのです。

出エジプト記16章のマナの物語と、17章の岩からほとばしり出た水の物語は、この後、新約聖書にまで続く神の大いなる憐れみの御業を象徴するシンボリックな意味を持つ物語となっています。

荒れ野の旅で飢えに苦しむ人々に神がなさってくださったマナの奇跡の物語と、旅の途中で渇きのために死を待つしかない人々のために神がモーセを通して与えてくださった、岩からほとばしり出たいのちの水の物語は、神の恵みによってのみ生きることができる、生きとし生けるものたちの神への信頼の根拠を語る物語となっているのです。

主は羊飼い、わたしには何も欠けることがない。主はわたしを青草の原に休ませ、憩いの水のほとりに伴い、魂を生き返らせてくださる。主は御名にふさわしく、わたしを正しい道に導かれる。死の陰の谷を行くときも、わたしは災いを恐れない。あなたがわたしと共にいてくださる。あなたの鞭、あなたの杖、それがわたしを力づける。
（詩編23・1－4）

今もミサの中で歌われる、旧約のイスラエルの民が歌い続けて来た詩編23の信仰の歌です。わたしたちはこの歌を歌うたびに、自分たちが歩む人生の道をイスラエルの人々がたどった荒れ野の旅と重ね合わせ、わたしたちの荒れ野の旅を導かれる神への切ないまでの信頼を表明しているのです。そしてそのミサの中で「わたしは良い羊飼いである」（ヨハネ10・11）と言われるイエス・キリストのみもとに集い、その羊飼いに導かれる群れとなって、イエス・キリストが与えてくださるいのちのパンに養われ、詩篇23のこの切ないまでの信頼の歌が心の中にこだまとなって響くのを感じるのです。

6．荒れ野の旅の真の目的

エジプトの地からイスラエルの人々を救い出された神の御計画は、創世記の中でアブラハムに約束しておられたように、彼らを約束の地に連れ戻そうとされてのことでした。

主はアブラムに言われた。「よく覚えておくがよい。あなたの子孫は異邦の国で寄留者となり、四百年の間奴隷として仕え、苦しめられるであろう。しかしわたしは、彼らが奴隷として仕えるその国民を裁く。その後、彼らは多くの財産を携えて脱出するであろう。あなた自身は、長寿を全うして葬られ、安らかに先祖のもとに行く。ここに戻って来るのは、四代目の者たちである。それまでは、アモリ人の罪が極みに達しないからである」。

日が沈み、暗闇に覆われたころ、突然、煙を吐く炉と燃える松明が二つに裂かれた動物の間を通り過ぎた。その日、主はアブラムと契約を結んで言われた。「あなたの子孫にこの土地を与える。エジプトの川から大河ユーフラテスに至るまで、カイン人、ケナズ人、カドモニ人、ヘト人、ペリジ人、レファイム人、アモリ人、カナン人、ギルガシ人、エブス人の土地を与える」。（創世記15・13－21）

けれども、彼らが約束の地に導き入れられるまでの荒れ野の旅には、神のそれ以上の秘められた大きな御計画があったのです。それが、シナイ山での出来事です。ここでわたしたちもイスラエルの人々とともに、シナイの山の麓に留まって、出エジプト記19章から語られるシナイ山に顕現された神のみ前に立ち、わたしたちが信仰によって付き従おうとしている神の御声に耳を傾けることにしましょう。

モーセが神の指示によって人々を導き入れた荒れ野の旅は、約束の地に至るための単なる経路に過ぎないものではなかったのです。荒れ野の旅には神のもう一つの明確な御計画があったのです。

エジプトの地からイスラエルの人々を導き出せとの使命をモーセに与え、それが必ず実現するとの保証を与えられた神は、次のように語られたのでした。

「それゆえ、イスラエルの人々に言いなさい。わたしは主である。わたしはエジプトの重労働の下からあなたたちを導き出し、奴隷の身分から救い出す。腕を伸ばし、大いなる審判によってあなたたちを贖《あがな》う。そして、わたしはあなたたちをわたしの民とし、わたしはあなたたちの神となる。あなたたちはこうして、わたしがあなたたちの神、主であり、あなたたちをエジプトの重労働の下から導き出すことを知る」。

（出エジプト記６・６－７）

このことが今シナイの山で、エジプトを脱出してきた人々にあらためて示されるのです。

7．シナイ山における神の顕現

出エジプト記19章を開いてここに語られていることを読んでいくと、19章3節からの、最初に神がシナイの山でモーセに語られたみことばが、新共同訳の聖書でも読み取れるように、詩の形で響いていることが分かります。この最初のみことばを注意深く味わうなら、これ以降の申命記に至るまでのトーラー全体の中に展開されていく、神とイスラエルの民との契約のシナリオが前もって示されていると受け止めることができるでしょう。それはイスラエルの主となられた神と、神によって与えられた契約の恵みによって神の民とされるイスラエルの民の関係を根本的に規定するものでした。神はモーセに語りかけて言われます。

「ヤコブの家にこのように語り、イスラエルの人々に告げなさい。『あなたたちは見た、わたしがエジプト人にしたこと、また、あなたたちを鷲の翼に乗せて、わたしのもとに連れて来たことを』」。

（出エジプト記19・3－4）

「あなたたちは見た」ということは、ここまで語られてきたイスラエルの人々がエジプト脱出の過越の旅の中で目の当りに体験してきたことです。そしてそれはまた、年ごとの「過越の祭り」の中でそのことを記念する人々が、その祭りにおいて「見た」ことでもあるのです。困難を極めた荒れ野の旅を経て、シナイ山にたどりつき、山に向かって宿営した人々に向かって神がモーセを通して語られることは、「あなたたちは見た」ということです。

第6章

神との契約

1．シナイ山における神の顕現

エジプトを脱出し、葦《あし》の海の危機を乗り越え、荒れ野の道を進んできた人々は、「あなたたちは見た」と語りかける神の御前に、今やイスラエルの人々は隊列を組んで整列しています。その人々に向かって神はモーセに託して語られます。

「今、もしわたしの声に聞き従い、わたしの契約を守るならば、あなたたちはすべての民の間にあって、わたしの宝となる。世界はすべてわたしのものである。あなたたちは、わたしにとって、祭司の王国、聖なる国民となる」。

（出エジプト記19・5－6）

ここに神によって示されている契約こそが、イスラエルの人々をエジプトの奴隷状態から救い出された神が当初から定めておられた御計画の帰結です。エジプトの重労働の下で呻吟《しんぎん》していた人々を大いなる力ある御業《みわざ》をもってそこから救い出された神は、彼らを御自分の民とするためにシナイにおける御自分のもとにまで導いてこられたのです。神は「鷲の翼に乗せて」（出エジプト記19・4）真っすぐに、御自分のもとにまで導かれたのです。シナイの山にたどり着いた人々は、今そのことを知るのです。

神が葦の海で自分たちのために行ってくださったこと（出エジプト記14章）、荒れ野の旅の最中で昼は雲の柱となり、夜は火の柱となって彼らの行く手を導いてくださったこと（同13・20－22）、マナを与えて彼らの飢えを満たし、岩からほとばしり出た水で彼らの渇き癒されたこと（同16・1～17・7）。これらすべては、イスラエルの人々をシナイの山の御自分のもとに導くためであったのです。人々はシナイの山に向かいあって立つことによって、そのことを知るのです。

彼らの歩んだ苦難の荒れ野の道は、今思い返せば、常に神の愛の配慮のもとにあった「鷲の翼」に乗った旅であったのです。神は、彼らがエジプトを脱出して御自分のもとに出ることを一日千秋の思いで待っておられたのです。神にとってもイスラエルの人々の荒れ野の道は、「鷲の翼」に乗せて彼らをシナイの山の御自分のもとに運んだ旅であったのです。

わたしたちが真実、神のみ前に立つことができる時、わたしたちも、自分が歩んで来た人生の足跡の真の軌跡を見出すことができることでしょう。洗礼においてわたしたちは神のみ前に立つ者とされます。そこにおいて、わたしたちも、自分の人生の歩みが神の愛の導きの中にあったことを悟ることができることでしょう。そのような恵みを願いたいと思います。

2.「契約」ということ

自分たちの宿営を出て、シナイの山に向かって立つ人々に神はモーセの口を通して語りかけます。

「今、もしわたしの声に聞き従い、わたしの契約を守るならば、あなたたちはすべての民の間にあって、わたしの宝となる。世界はすべてわたしのものである。あなたたちは、わたしにとって祭司の王国、聖なる国民となる」。

（出エジプト記19・5－6）

ここではまだ、「契約」は神の一方的な思いを伝えることばです。この神の思いを伝える神からの申し出が、そこに立つ人々に受け止められる時、それは神とイスラエルの人々を結ぶ真の「契約」となるのです。「今、もしわたしの声に聞き従い、わたしの契約を守るならば……」という神からの申し出を受け入れる時、彼らは神にとって「わたしの宝」となるのです。

「世界はすべてわたしのものである」と宣言することのできる神は、御自分のもとから離れ去って行ったアダムとエバ以来のこの世界の中に、御自分の宝と呼べる民を見出そうとしておられるのです。このためにアブラハムを呼び出された神は、今や、その子孫たちであるイスラエルの人々に、御自分との「契約」を受け入れるように呼びかけておられるのです。

神が御自分の宝と呼ぶ民は、この世界において、神の「祭司の王国」となり、そのために「聖なる国民」となることを求められ、そのことを約束されているのです。イスラエルの人々がこの「契約」を受け入れる時、彼らはこの地上において全ての人々と神とを結ぶ「祭司の王国」となり、それにふさわしい「聖なる国民」とされるのです。

エジプトの重労働に喘《あえ》いでいた人々、荒れ野の旅の途中、モーセと神に向かって絶えず不平を洩《も》らしていた人々は、今や神の「契約」の申し出を受け入れることによって、決定的に神に受け入れられ、神のものとなりきることによって、この世界から聖別されて「聖なる国民」となり、神とこの世界とを結ぶ「祭司の王国」となる可能性の前に立たされているのです。

神はこのような契約の申し出を受け入れる、神との契約の真のパートナーとなることを呼びかけておられるのです。創世記の「楽園喪失」の物語において、アダムとエバがついに受け止め切れなかった神の真のパートナーとなる者たちを求めて、神は今、イスラエルの人々にこのような契約を申し出ておられるのです。

3. 圧倒的な神の顕現

モーセが民のもとに戻って神の契約の申し出を伝えると、彼らは「わたしたちは、主が語られたことをすべて、行います」と答えたのでした（出エジプト記19・7－8参照）。けれども、彼らのこの答えが真実彼らの心からの叫びとなるためには、彼らは圧倒的な神の臨在を経験しなければならなかったのです。それが、出エジプト記19章14節以下で語られるシナイにおける神の顕現の描写が語ろうとしていることなのです。

モーセは山から民のところに下って行き、民を聖別し、衣服を洗わせ、民に命じて、「三日目のために準備をしなさい。女に近づいてはならない」と言った。三日目の朝になると、雷鳴と稲妻と厚い雲が山に臨み、角笛の音が鋭く鳴り響いたので、宿営にいた民は皆、震えた。しかし、モーセが民を神に会わせるために宿営から連れ出したので、彼らは山のふもとに立った。シナイ山は全山煙に包まれた。主が火の中を山の上に降られたからである。煙は炉の煙のように立ち上り、山全体が激しく震えた。角笛の音がますます鋭く鳴り響いたとき、モーセが語りかけると、神は雷鳴をもって答えられた。

主はシナイ山の頂に降り、モーセを山の頂に呼び寄せられたので、モーセは登って行った。主はモーセに言われた。「あなたは下って行き、民が主を見ようとして越境し、多くの者が命を失うことのないように警告しなさい。また主に近づく祭司たちも身を清め、主が彼らを撃たれることがないようにしなさい」。モーセは主に言った。「民がシナイ山に登ることはできません。山に境を設けて、それを聖別せよとあなたがわたしたちに警告されたからです」。主は彼に言われた。「さあ、下って行き、あなたはアロンと共に登って来なさい。ただし、祭司たちと民とは越境して主のもとに登って来てはならない。主が彼らを撃つことがないためである」。モーセは民のもとに下って行き、彼らに告げた。

（出エジプト記19・14－25）

この部分を読んでいくと、同じことが何度も塗り重ねるようにして語られていることが分かると思います。それは、ここに語られようとしていることの特異性を強調するためであるように思えます。神は御自分の姿を隠しつつ顕現されるのです。人々は神がそこに顕現されるシナイの山に近付くことができないのです。それだけではなく、彼らが顕現の山に近付くことを神は厳しく禁じられます。人がこの禁令を破って、あえて顕現される神に近付こうとするなら、その者は神の威光に撃たれて死んでしまうのです。聖書に語られている神の顕現とはこのようなことです。

汚れに満ちた人間にとっては、たとえどのように身を清めようとも、近付くことのできない圧倒的な畏怖をもたらす存在として神は顕現されるのです。神とは人間にとってそのような方なのです。神が「聖」であるとはそのようなことを意味しているのです。汚れに満ちた人間は、自分の方から神に近付くことはできないのです。しかし聖にして聖である神は今、神の「聖」に近付くことができない者たちを、モーセを通して御自分の聖にあずからせて「聖なる国民」、「祭司の王国」とされようとしておられるのです。そのために、彼らと契約を結ぼうと申し出ておられるのです。

4．神が求めておられる契約の条項

神の圧倒的な力に満ちた御業によってエジプトの地から救い出され、荒れ野の旅を導かれてきたイスラエルの人々に、シナイに顕現された神は、どのようなことを求めて彼らと契約を結ぼうとしておられるのでしょうか。その具体的な内容が、出エジプト記20章のいわゆる「十戒」と20章22節から23章33節の「契約の書」の中に示されています。

神はこれらすべての言葉を告げられた。

「わたしは主、あなたの神、あなたをエジプトの国、奴隷の家から導き出した神である。あなたには、わたしをおいてほかに神があってはならない。

あなたはいかなる像も造ってはならない。上は天にあり、下は地にあり、また地の下の水の中にある、いかなるものの形も造ってはならない。あなたはそれらに向かってひれ伏したり、それらに仕えたりしてはならない。わたしは主、あなたの神。わたしは熱情の神である。わたしを否む者には、父祖の罪を子孫に三代、四代までも問うが、わたしを愛し、わたしの戒めを守る者には、幾千代にも及ぶ慈しみを与える。

あなたの神、主の名をみだりに唱えてはならない。みだりにその名を唱える者を主は罰せずにはおかれない。安息日を心に留め、これを聖別せよ。六日の間働いて、何であれあなたの仕事をし、七日目は、あなたの神、主の安息日であるから、いかなる仕事もしてはならない。あなたも、息子も、娘も、男女の奴隷も、家畜も、あなたの町の門の中に寄留する人々も同様である。六日の間に主は天と地と海とそこにあるすべてのものを造り、七日目に休まれたから、主は安息日を祝福して聖別されたのである。

あなたの父母を敬え。そうすればあなたは、あなたの神、主が与えられる土地に長く生きることができる。殺してはならない。姦淫してはならない。盗んではならない。隣人に関して偽証してはならない。隣人の家を欲してはならない。隣人の妻、男女の奴隷、牛、ろばなど隣人のものを一切欲してはならない」。

（出エジプト記20・1―17）


聖書の中には十戒ということばはありません。出エジプト記20章の神のみことばを、神の掟《おきて》、神の戒めとして数え挙げてみると十の戒め、十の掟になるということに過ぎません。神はここで、いわゆる神の掟としての十戒をわたしたちに示しておられるのではありません。むしろ、それは、今シナイの山の麓で神の御前に立った人々に神が申し出ておられる契約そのものです。

「今、もしわたしの声に聞き従い、わたしの契約を守るならば、あなたたちはすべての民の間にあって、わたしの宝となる。世界はすべてわたしのものである。あなたたちは、わたしにとって祭司の王国、聖なる国民となる」という出エジプト記19章5－6節の神のみことばを想い起こしてみるなら、そのことが分かるはずです。ここに語られているみことばに聞き従うことによって、雷のように鳴り響くその神の御声に恐れをなして、遠く離れてシナイの山の麓に立つ人々を、神は御自分の宝、祭司の王国、聖なる民として御自分のもとに招き寄せようとしておられるのです。

5.「あなた」と呼びかけてくださる神

「わたしは主、あなたの神、あなたをエジプトの国、奴隷の家から導き出した神である」（出エジプト記20・2）。今、神はシナイの山の麓に立つ人々に、その顕現の山からこのように呼びかけられます。

シナイの山の麓の燃える柴の中からモーセを呼び出された神は、そのモーセに導かれてエジプトから救い出され、シナイの山に導かれて来た人々に向かって「あなた」と呼びかけられます。血筋から言って、イスラエルの民とは言えない「寄留者」と呼ばれていた人々も含めて、モーセがいなかったなら決してここまでたどり着くことのできなかった、エジプトの地から脱出してきた種々雑多な人々に向かって、神は今「あなた」と呼びかけておられるのです。そのような人々に向かって神は語りかけておられるのです。

「あなた」と呼びかけておられるこの神の呼びかけの中に、神の想いのすべてが込められているのです。神の御前に立つ者たちは、その一人ひとりが神のこの呼びかけの相手とされるのです。一個の人間として、自分に向けられている神の呼び声を聞いた神のみ前に立つ一人の人となるのです。

6．神の御前に立つ一個の人間

それと同時に、自分一個の枠を超えて自分もまた、神の御前に生きるすべての人の上に響いている神の御声の前に立つ人間であることを悟らされるのです。お互いの違いを超えて、神によって創造された者たち、さらには、神によってエジプトでの、意味も分からず先行きも見えない苦難の現実の中から救い出された者たちとしての共通の根源に立ち戻っている自分たちを発見するのです。神の「あなた」という呼びかけの前に立つ時、すべての人が、天地創造の初めの「アダムとエバの子ら」であることを自覚し、「エジプトの地」のそれぞれの苦難の中から救い出された者たちであることを知るのです。

「あなた」と呼びかけられる神の呼び声によって、そこに新たな人類のひな形が創造されるのです。トーラーの中に響くこの神の呼び声は、この世界における神の新たな創造の呼び声です。トーラーを通して、自分に向けられているこの神の呼び声に目覚める人は、アダムとエバを創造された神の原初の創造の御業を、自分たちの中に経験することになるのです。その人々に向かって神は「わたしは主、あなたの神、あなたをエジプトの国、奴隷の家から導き出した神である」と呼びかけ続けてくださるのです。

7．洗礼による新たな創造

わたしたちも洗礼においてこのような神の御声の前に立たされ、自分に向けられている神の新たな創造をもたらすいのちの水の中に浸されるのです。「あなた」と呼びかけてくださる神の呼び声によって、わたしたちは神が用意してくださっていた新たな神の創造のいのちの中に、信仰によって目覚めてゆくのです。シナイの山に向かい合って立った人々は、その一人ひとりが聴いた「あなた」という呼びかけに身を晒《さら》すことによって、「あなた」と呼びかけてくださる「神の民」の一員となって、「神の民」の絆の中に生きる者とされるのです。ここに、トーラーの始めに語られていたアダムとエバの挫折を乗り越えて、人類の歴史の初めから神が御計画しておられたことが実現されるのです。「原初史」に語られていた人類の罪によって傷つけられた創造の世界の中から、天地万物の創造主としての神の一方的な発意によって選び出された「神の民」としてのイスラエルの民が誕生するのです。

「神の民」として神とのそのような特異な関係を生きることになった、ここから始まるイスラエルの人々の神との関係の歴史を語る書物として、「旧約聖書」は人類の歴史の中に残されることになったのです。

第7章

神が求めておられること・十戒のことば

1．イスラエルの「主」となってくださる神

出エジプト記20章のいわゆる十戒のことばは、「わたしは主、あなたの神、あなたをエジプトの国、奴隷の家から導き出した神である」という神の語りかけから始まっています。

この最初の語りかけに続いて神は言われます。

「あなたには、わたしをおいてほかに神があってはならない。あなたはいかなる像も造ってはならない」。

（出エジプト記20・3－4）

イスラエルの人々をエジプトから救い出された神は、その人々の唯一の「主」となることを望んでおられるのです。その人々が御自分以外のほかの神々に仕える者たちとなることを決して認めようとなさらないの

です。人々が心を移すほかの神々はそれがどのような形をとって立ち現れようとも、所詮、神の創造の世界にある者たちの越権行為に過ぎないからです。そのような者たちが神の形をとって人々の心を奪おうとするなら、イスラエルの「主」であることを望まれる神は、彼らの「主」である神を見捨てて他の神々に仕えようとする者たちを、それらの「神々」もろともに滅ぼし尽くすと言われるのです。

八百万の神々の伝統を持ち、さまざまな宗教が存在することを認める現代の精神的風潮の中に生きるわたしたちにとって、ここに示されているイスラエルの「主」となることを望まれるすべてのものの創造主である神の想いは、それが神のことばであっても、あまりにも独断的で排他的に思えるかもしれません。イスラエルの人々にとっても、ここに示されている神の自分たちに向けられている排他的で「熱情的な」愛の想いに応えて行くことがいかに困難なことであったかは、彼らが残した彼らの歴史が証言しているとおりです。シナイの山で顕現された神を畏れて、遠く離れて立っていた人々は、そこに顕現された神の、彼らの心のすべてを求めるこのような熱情の愛を象徴するかのような、人を畏怖させる圧倒的な現象を伴う顕現に畏れをなして、神の熱情の愛の顕現から遠く離れて立ち、ただただ畏敬の念に圧倒されてそこに立ちすくんでいたのです。

このような神の愛を受け入れて、その神との契約の関係の中に入ってゆくためには、この世界の中に御自分の宝と呼べる民を創造しようとされる、すべてのものの創造主である神の一方的な新たな創造の御業《みわざ》が必要であったのです。御自分との契約を結ぶ人々を求める、この世界における神の新たな創造への意志がここに示されているのです。

2. 主の名をみだりに唱えてはならない

「主の名をみだりに唱えてはならない」（出エジプト記20・7）といわれる「みだりに」とは、どのようなことなのでしょうか。神は御自分が、エジプトから導き出されたイスラエルの人々の「主」となられると宣言されました。そして彼らに、自分たちをエジプトの奴隷の家から救い出された神の御声に聞き従う、イスラエルの「主」である神の「しもべ」たちとなることを受け入れるように求められているのです。

神が「主」となられ、自分たちはその「主」である神の御声に従うしもべたちであるということを忘れて、神にあれこれと指図するかのように神の名を口にすることが、「主」の名をみだりに唱えるということです。神が求めておられる神と人との、そのような関係が、いつの間にか、人が神に指図する者となり、「主」である神は彼らのしもべであるかのような関係に堕してしまうのです。知らず知らずのうちにわたしたちの中に忍び込んでくる、このような位置の逆転こそが、わたしたちの中におられる神を見失わせてしまう原因なのです。

なぜなら、神はわたしたちの思いのままに、わたしたちの役に立つものとなることを拒否されるからです。そうすることによって、神は御自分がこの世界の真の支配者であり、全てのものの「主」であることを当然の権利として主張されるのです。

神は確かにイスラエルの人々をエジプトの奴隷の家から解放してくださいました。そのことによって、イスラエルの人々は自由を得たのです。しかし、エジプトの奴隷状態から解放されたというだけでは、それは真の救いにはつながらないのです。解放されて自由になった、まさにその時、人々は自分たちがこれから何に向かって生きていったらよいのか、前途の目標を持てなくなってしまうからです。その結果、自分たちの好き放題に生きる欲望の虜となってしまうからです。

神はそのような人々に、御自分が彼らの「主」であることを示され、御自分の声に従う「神のしもべ」として彼らを「御自分の家」に招き入れようとされるのです。しかし、人々にはこのことのありがたさが本当には理解できないままに残ります。

エジプトから解放されて行き場を失い、荒れ野の放浪の果てに彼らの「主」として、シナイの神の臨在の聖所にまで導いてくださった恵みを受け止めきれずに、そこから遠く離れて立ち尽くしてしまうのです。しかし、神は人々を新たな奴隷状態に突き落とすために導いてこられたのではありません。彼らを御自分のしもべ、身内として、御自分の家に招き入れようとしておられるのです。

3．安息日を心に留め、これを聖別せよ

神の御声に聞き従い、神のしもべとなって生きるということは、神を信じて生きるということが、単に観念としての信仰を生きるということではないことをわたしたちに告げています。

自分たちは神によって選ばれ、受け入れられているという信仰は、それだけではわたしたちのありようを変革する真の信仰の力を持ち得ないのです。神に受け入れられているという信仰を生きるためには、わたしたちの日々の生活の中に具体的に神を受け入れることが必要となるのです。そのことなしには、神を見出すことができたわたしたちの信仰の喜びは、やがてわたしたちを奮い立たせるその真の信仰の力を失っていってしまうのです。

「安息日を心に留め、これを聖別せよ」（出エジプト記20・8）との神の呼びかけは、この日を全面的に神の

ためにささげよと訴えているのです。わたしたちの日々の営みの中で、神が指定されたこの安息日を、神のみ心にしたがって神にささげることによって、この世の生を生きるわたしたちは、人々の中にあって、神によって聖別された「祭司の王国」「聖なる国民」として生き始めることができるのです。

このためにこそ、その日その日の暮らしに押しつぶされ、真の安息を知らずにいた人々はエジプトの奴隷の家から救い出され、シナイにおける臨在の聖所まで神によって連れ出されてきたのです。

4．安息日は神にささげられた日

安息日を心に留めることによって、それまでの六日間の労働の日々は、その虜《とりこ》のようになって、それに没頭していたわたしたちの手から離れ、神が与えてくださっていた祝福の日々となって、感謝のうちに再びわたしたちの手元に戻ってくるのです。

わたしたちの労働の日々の一日を神のために明け渡すことによって、日々のすべてが、あの楽園でのアダムに与えられていた神の祝福そのものとしての労働の日々となるのです。自分たちに課せられた労働の中で呻吟《しんぎん》するわたしたちの日々の中に、神のしもべとして生きる生き方へと向かう風穴が開かれるのです。

神を忘れた休むことを知らない労働の連続の日々の中で、わたしたちは自分が人間に過ぎず、創造主である神によってこの地上に生かされていることを忘れ、ともに生きる者たちと、この世界を抑圧し搾取する者たちとなってしまうのです。神を忘れ、神を締め出した労働の日々によって、無意識のうちにわたしたちは自分がこの世界のすべてのものの主人公であるかのような錯覚に陥ってしまうからです。

安息日は神にささげられた日とならなければなりません。神に仕えることを忘れた安息は、わたしたちを無限の擬似安息体験の中に引きずり込んでしまうのです。そのような安息の日はわたしたちにとって真の安息とはならず、神の祝福に満ちた明日の労働への意欲をそいでしまう結果となるのです。

5．あなたの父母を敬え

これは神のことばです。それをわたしたちが単なる人倫の教えとしてとらえてしまうところに、神とわたしたちの間の亀裂が生まれるのです。

「あなたの父母を敬え」（出エジプト記20・12）との神からの呼びかけは、すべてのものの創造主である神によって、わたしたちに与えられている「いのちの神秘」に対する目覚めを促すみことばです。

この地上に生きる者たちは、例外なく、父母がいなかったなら、この世界に生まれ出ることはなかったのです。この世の生を生きるわたしたちは、いかに自分の努力によって、自分自身を確立した者のように思われようとも、自分をこの世に産み出した父母がいなかったなら、今の自分は存在しなかったのです。そしてわたしたちは往々にしてその事実を忘れてしまいます。このことに気付くということは、単に親の恩を忘れるなというような人倫の教えに過ぎないのではありません。わたしたちの中に流れているいのちは、大いなるいのちの連鎖の中で、個々のいのちを超えて、世代を超えてわたしたちの中に受け継がれてきたのです。

「父母を敬え」という、ここに示されている神のことばは、人間としての存在そのものであり、それなしには人間としてのわたしたちの存在が消滅することを意味し、わたしたちの中に流れる「いのちの神秘」を前にして頭を垂れるようにわたしたちに求めているのです。そのようにして、全てのものの創造主である神、すべてのいのちの源である神は、一人ひとりに向かってその存在を現すことを求めておられるのです。

イスラエルの人々をエジプトから救い出し、御自分の民として彼らと契約を結ぼうとしておられる神にとって、「父母を敬え」というこの呼びかけは、わたしたちの中に流れる、いのちの神秘への畏敬を求めているだけなのではありません。それを超えて、さらに深い特別な意味を持つ呼びかけなのです。

6．世代を超える永遠の契約

「わたしは主、あなたの神。わたしは熱情の神である。わたしを否む者には、父母の罪を子孫に三代、四代までも問うが、わたしを愛し、わたしの戒めを守る者には、幾千代にも及ぶ慈しみを与える」（出エジプト記20・5－6）。シナイの山から語りかける神は、その麓に立つ人々を御自分の民としようとして呼びかけます。この人々と結ぼうとしておられる「契約」は、彼らの子々孫々にまで及ぶ「永遠の契約」なのです。

今シナイの山で御自分を示された神の声が、幾千代にもわたって語り伝えられなければ、イスラエルの人々を御自分の民としようとしておられる神の御計画は成就されないままに終わってしまうのです。そのようなことになれば、ここに語りかけられている神のことばは「絶対性」を失い、そのすべては「神のことば」ではなくなってしまいます。わたしたちが出エジプト記20章に見出す神のことばは、御自分のことばの絶対性を主張する「熱情の神」からの御声だからです。

神からの契約の申し出を受け入れ、神のしもべとなって生きようとする人々にとって、神が彼らに託す最も重要な使命は、トーラーに語られている出エジプトの全歴史を、世代を超えて語り継いでいくということです。そのようなことが可能となるためには、ここに示されている「父母を敬え」との神のことばが、世々にわたる神のことばとして響き続けなければなりません。それに耐える、それにふさわしい親子の関係、世代間の繋《つな》がりが、「神の民」としてのイスラエルを存続させる基盤なのです。わたしたちの手元に届けられているトーラーに響く神のことばは、イスラエルの民の中で、気の遠くなるような世代のつながりを経て、今のわたしたちの耳に響いているのです。

7. 新たな創造の世界の中で

「殺してはならない」「姦淫《かんいん》してはならない」「盗んではならない」「偽証してはならない」「隣人の家を欲してはならない」（出エジプト記20・13－17参照）。これらの呼びかけも、単に、それを守りさえすればよいという「掟《おきて》」の羅列なのではありません。

創世記の創造の物語の中で、「人が独りでいるのはよくない」（創世記2・18）と神は言われたことが語られていました。人は独りでは、「産めよ、増えよ、地に満ちて、地を従わせよ」（創世紀1・28）という神の創造の祝福の担い手となることはできないのです。

しかし、まさにそのことが、神の原初の祝福の担い手となるべき人間に、神との関係だけではない、互いに助け手となるべき、新たな問題を孕《はら》んだ人間同士の関係性を生むことになったのです。そして、その自分たちに与えられた人間同士の関係性の中で、アダムとエバは神との関係性から逸脱してしまったのです。彼らはその互いの関係性の中で、神が禁じた善悪の木の実を分かち合って食べることによって、神に離反し楽園を喪失してゆくのです。

さて、アダムは妻エバを知った。彼女は身ごもってカインを産み、「わたしは主によって男子を得た」と言った。彼女はまたその弟アベルを産んだ。アベルは羊を飼う者となり、カインは土を耕す者となった。時を経て、カインは土の実りを主のもとに献げ物として持って来た。アベルは羊の群れの中から肥えた初子を持って来た。主はアベルとその献げ物に目を留められたが、カインとその献げ物には目を留められなかった。カインは激しく怒って顔を伏せた。主はカインに言われた。「どうして怒るのか。どうして顔を伏せるのか。もしお前が正しいのなら、顔を上げられるはずではないか。正しくないなら、罪は戸口で待ち伏せており、お前を求める。お前はそれを支配せねばならない」。

カインが弟アベルに言葉をかけ、二人が野原に着いたとき、カインは弟アベルを襲って殺した。主はカインに言われた。「お前の弟アベルは、どこにいるのか」。カインは答えた。「知りません。わたしは弟の番人でしょうか」。主は言われた。「何ということをしたのか。お前の弟の血が土の中からわたしに向かって叫んでいる。今、お前は呪われる者となった。お前が流した弟の血を、口を開けて飲み込んだ土よりもなお、呪われる。土を耕しても、土はもはやお前のために作物を産み出すことはない。お前は地上をさまよい、さすらう者となる」。

カインは主に言った。「わたしの罪は重すぎて負いきれません。今日、あなたがわたしをこの土地から追放なさり、わたしが御顔から隠されて、地上をさまよい、さすらう者となってしまえば、わたしに出会う者はだれであれ、わたしを殺すでしょう」。主はカインに言われた。「いや、それゆえカインを殺す者は、だれであれ七倍の復讐を受けるであろう」。主はカインに出会うものがだれも彼を討つことのないように、カインにしるしを付けられた。カインは主の前を去り、エデンの東、ノド（さすらい）の地に住んだ。

（創世記4・1－16）

創世記4章から語られている人類の原初史は、失われた楽園への道を閉ざされ、楽園の外に生きる者となった人間たちが、神から離れた自分たちだけの世界を形成していく物語として語られているのです。アダムとエバの子らであるカインとアベルの物語は、神の呼びかけに心を閉ざした人間同士の関係性の悲惨な結末を語っていたのです。

そのようなわたしたちが生きる、楽園を追われた者たち同士の関係性が生み出す現実の中に、神はこれらの新たな掟のことばによって、独りではなくすべての者たちがともに生きることができる新たな「楽園」、新たな「神の国」を創造しようとなさっているのです。そのために神はアブラハムを呼び出し、その子孫たちであるイスラエルの子らを今御自分の顕現の山に呼び集めておられるのです。

「わたしは主、あなたの神、あなたをエジプトの国、奴隷の家から導き出した神である」（出エジプト記20・2）と荘厳に御自分を示された神のもとに生きるためには、シナイの山の麓に立つ人々は、「あなた」になりきらなければならないのです。彼らの間に不義不正があってはならないのです。神は今やそのような「あなた」と呼びかけることができる、新たな人類の雛形《ひながた》を創造されようとしておられるのです。

シナイの山の麓に立つ人々の間に、「あなた」と呼びかけておられる神の御声が響き渡り、その人々が神の御前の「あなた」同士という関係性に目覚める時、これらのことばを授ける神の意図は彼らの間に実現していくのです。

8. 敵を愛せ

「敵をも愛せよ」（マタイ5・44、ルカ6・27、35参照）という新約聖書の中に響く有名なイエスのみことばも、シナイの山に響いたこの神のことばの増幅された反響です。敵との戦いに明け暮れたように見える旧約のイスラエルの民の悲惨な歴史の中に、シナイの山のこの神の御声は底流となって響き続けていたのです。悲惨な戦いの渦中に置かれた人々は、敵に対する勝利を目指して戦ったのではありません。悲痛な叫びを挙げつつ、ひたすらに平和の訪れを願って戦わねばならなかったのです。

それらの人々が、その苦しみの戦いの中でどんなにか願い求めた平和は、ここに示されている神の想いが、この地上に生きる者たちの間で共有される時、初めてすべての者がともに生きることができる、神の祝福に満たされた新たな「楽園」として到来するのです。

そして、それこそが、人間の離反によって失われてしまった楽園喪失のこの世界の現実に対する、楽園回復を目指す神の新たな御計画なのです。そのためには、ここに響く神の御声に従って、お互いが神によって与えられている、それぞれのわたしたちがこの世界において幸せに生きるために持つ権利を決して侵害し合わない、互いの生きる権利に対する尊敬に満ちた自制が求められているのです。

「敵を愛せよ」と言われる「愛」はエモーショナルな心の状態を意味するのではありません。それは、ともに「楽園」を生きるべく与えられているお互いの権利を尊重しあう「正義」の実現を目指す、自制に裏打ちされた力強い意志を意味しているのです。

9. 「契約の書」の持つ意味

密雲と煙に包まれたシナイの山頂から、稲妻と雷鳴、さらには角笛の響きとともに響き渡る神の御声を聴いた人々は、大きな恐れに包まれて山から遠く離れて立ち、モーセに向かって言うのです。「あなたがわたしたちに語ってください。わたしたちは聞きます。神がわたしたちにお語りにならないようにしてください。そうでないと、わたしたちは死んでしまいます」（出エジプト記20・19）。

神が語りかけることばに人々は耐えられないのです。そのことばが持つ圧倒的な威厳に耐えられないのです。いわゆる十戒と呼ばれている神のことばは、そのような、わたしたちのありようを裁く恐ろしい力を持つことばなのです。そのことを自覚した人々の心からの訴えに応えてモーセは言います。「恐れることはない。神が来られたのは、あなたたちを試すためであり、また、あなたたちの前に神を畏れる畏れを置いて、罪を犯させないようにするためである」（出エジプト記20・20）。

神は人々が恐れをなして身を避けようとすることばをもって、シナイの山の麓に立つ人々のところに来られたのです。それは、御自分の民となさろうとしておられる人々が、これらのことばを、彼らの神のことばとして受け入れるかどうか試そうとしてのことだったのです。それを受け入れようとする人々に、決して忘れることのできない、これらのことばの主である神への畏れを植え付け、彼らがこれらのことばによって示されている神の戒めから逸脱して、罪を犯すことがないようにさせるためだったのです。

神の声を聞くことに恐れを抱く人々を麓に残して、神の臨在の密雲の中に一人山に登って行ったモーセに神が語られたことばが、出エジプト記20章から23章の「契約の書」の中に語られています。

この「契約の書」の中の神のことばは、それに先立つ、いわゆる十戒によって示された神のことばが、そのことばのもとに生きようとする者たちの具体的な生活の中で、どのように実践されるべきなのかということを規定しているように受け止めることができます。

神との契約を受け入れようとする者たちにとって、十戒の神のことばが、彼らに直接に語りかけられる神の意志を伝える神のことばであるとするなら、「契約の書」の中のことばは、モーセを通して語られる神のことばです。そして、これらのことばは、直接に人々が聴いた神のことばが彼らの生活の中で、具体的にどのように実践されるべきかを示す、人々が聴くべき神のことばなのです。

神の契約に与って神の民となったイスラエルの人々にとって、これらの神からのことばは、彼らがそれに従って生きるための法的規範、「神の民」となって造り上げてゆくべき社会規範、つまり、神の掟としての律法となるのです。

そのようなイスラエルの人々に、彼らの「契約の神」が与えた掟を律法として捉える意識においては、十戒のことばは、いわば、イスラエルの人々がその下に生きる憲法のようなものであり、「契約の書」に示されている神のことばは、イスラエルの人々が生きた実際の生活の中に響く、神のことばとしての「法令集」のような位置を占めています。

シナイにおける神のことばの、いわば仲介者とされたモーセの権威あることばに従って生きることになるイスラエルの人々は、「契約の書」のことばを彼らの具体的宗教生活、ならびに社会生活を規定する彼らの「契約の神」によって定められ、モーセの権威を通して公布された「律法の掟」として受け入れることになるのです。

第8章

契約締結と神の民の誕生

1．契約締結の儀式

創世記12章に語られていたアブラハムを呼び出すことによって、新たに開始された神のこの世界に対する悠久の御計画は、ついに神の顕現の山の麓に立ち、神への真実の畏れを知った人々がモーセの呼びかけに応えて、「主が語られた言葉をすべて行います」と告白することによって、クライマックスを迎えることになります。それが、出エジプト記24章に語られている神とイスラエルの人々の間で交し合わされることになった驚くべき契約締結の出来事です。

主はモーセに言われた。「あなたは、アロン、ナダブ、アビフ、およびイスラエルの七十人の長老と一緒に主のもとに登りなさい。あなたたちは遠く離れて、ひれ伏さねばならない。しかし、モーセだけは主に近づくことができる。その他の者は近づいてはならない。民は彼と共に登ることはできない」。

モーセは戻って、主のすべての言葉とすべての法を民に読み聞かせると、民は皆、声を一つにして答え、「わたしたちは、主が語られた言葉をすべて行います」と言った。モーセは主の言葉をすべて書き記し、朝早く起きて、山のふもとに祭壇を築き、十二の石の柱をイスラエルの十二部族のために建てた。彼はイスラエルの人々の若者を遣わし、焼き尽くす献げ物をささげさせ、更に和解の献げ物として主に雄牛をささげさせた。モーセは血の半分を取って鉢に入れて、残りの半分を祭壇に振りかけると、契約の書を取り、民に読んで聞かせた。彼らが、「わたしたちは主が語られたことをすべて行い、守ります」と言うと、モーセは血を取り、民に振りかけて言った。「見よ、これは主がこれらの言葉に基づいてあなたたちと結ばれた契約の血である」。

モーセはアロン、ナダブ、アビフおよびイスラエルの七十人の長老と一緒に登って行った。彼らがイスラエルの神を見ると、その御足の下にはサファイアの敷石のような物があり、それはまさに大空のように澄んでいた。神はイスラエルの民の代表者たちに向かって手を伸ばされなかったので、彼らは神を見て、食べ、また飲んだ。

主が、「わたしのもとに登りなさい。山に来て、そこにいなさい。わたしは、彼らを教えるために、教えと戒めを記した石の板をあなたに授ける」とモーセに言われると、モーセは従者ヨシュアと共に立ち上がった。モーセは、神の山へ登って行くとき、長老たちに言った。「わたしたちがあなたたちのもとに帰って来るまで、ここにとどまっていなさい。見よ、アロンとフルとがあなたたちと共にいる。何か訴えのある者は、彼らのところに行きなさい」。モーセが山に登って行くと、雲は山を覆った。主の栄光がシナイ山の上にとどまり、雲は六日の間、山を覆っていた。七日目に、主は雲の中からモーセに呼びかけられた。主の栄光はイスラエルの人々の目には、山の頂で燃える火のように見えた。モーセは雲の中に入って行き、山に登った。モーセは四十日四十夜山にいた。（出エジプト記24・1－18）

シナイの山頂を覆う神の臨在の密雲の中で語られた、「主」のすべてのことばとすべての法を民の前でモーセが読み聞かせると、民は皆、声を一つにして、「わたしたちは、主が語られたことばをすべて行います」と応えたのでした。民のその答えを受けて、モーセは「主」との契約の儀式を敢行します。その契約締結の儀式の模様が、出エジプト記24章4節以下に語られています。

モーセは山の麓に祭壇を築き、イスラエルの十二部族を象徴する十二の石の柱を建て、若者たちに命じて、焼き尽くすいけにえと和解のささげものとして雄牛をささげさせ、屠《ほふ》られたいけにえの血を鉢にとって、その半分を祭壇に振りかけた上で、契約の書を取って民に読み聞かせたのでした。

民がこのような儀式の中であらためて、「わたしたちは主が語られたことをすべて行い、守ります」と宣誓すると、モーセは鉢に残った血を民の上に振りかけ、「見よ、これは主がこれらのことばに基づいてあなたたちと結ばれた契約の血である」（出エジプト記24・8参照）と厳かに宣言したのです。こうして、イスラエルの民をエジプトから救い出し、シナイの山に導かれた神は彼らの「唯一の主」となられ、イスラエルの民は、その「主」の契約にあずかる民となったのです。

このような契約締結の儀式の後で、出エジプト記24章9節から驚くべきことが語られています。モーセは、アロンとその子ナダブとアビフ、さらに、民を代表する七十人の長老たちを伴って山に登り、そこで彼らは神を仰ぎ見るのです。もちろん、神の御姿そのものは隠されたままですが、「彼らがイスラエルの神を見ると、その御足の下にはサファイアの敷石のようなものがあり、それはまさに大空のように澄んでいた」(出エジプト記24・10)と語られています。

直接に神の御姿を描くことのない聖書における、これはぎりぎりの描写です。ここに示された描写は、旧約聖書の黙示文学において継承され、それは新約聖書のヨハネの黙示録に踏襲されている神の御姿の描写を思い浮かべさせます。

旧約・新約聖書全体を締めくくる黙示録のこの世界の終末の彼方に開始される新しい創造の世界の描写は、ここに示されている神の御姿の描写を下敷きとしているのです。こうして、ここに締結された神とイスラエルの民の契約の関係は、イエス・キリストの十字架の血よって成就された、新約の契約の血による終末の彼方に開かれる、神の新たな創造の世界の完成へと向かうものとなるのです。

神とその民との間に契約が結ばれたことによって、モーセ以外の誰も近づくことが許されなかったシナイの山に、民の代表者たちが招かれ、そこで彼らは神を見、神のみ前で和解のいけにえの肉を食べ、血を飲んだのです。こうして彼らは契約の血によって清められ、聖なる者たちとされて神のいのちの宴に招き入れられたのです。出エジプトの記念である過越の祭りと、ここに語られている契約締結の記念の祭りは一つに結ばれて、イエス・キリストの十字架の死と復活を記念する教会のミサを理解する上で、重要な示唆をもたらすことになります。

イエスと出会ってイエスの弟子となった人々は、連綿として受け継がれてきた、このようなイスラエルの民の独特な神への信仰の精神的風土の中に生きていた人たちです。彼らが生きていたイスラエルの中に受け継がれた「信仰の世界」においては、イスラエルの民の祖先たちをエジプトから救い出し、シナイにおいて、モーセを通して幾千代にも及ぶ契約を結び、イスラエルの民の「主」となってくださった神との「契約の関係」の中に生きるということが、神を信じて生きるということなのです。

「新約聖書」を生み出した、イエス・キリストの弟子たちから始まったキリスト教の「信仰の世界」においては、シナイにおいてイスラエルの民と契約を結び、その「主」となられた神は、イエス・キリストの十字架の死と復活というこの世界に対する決定的な新たな介入の出来事によって、そのイエス・キリストを神の子と信じるすべての者たちを、シナイの契約の枠を超えて、新たな御自分との契約のもとに呼び集めようとしておられるのです。

「旧約聖書」の「旧約」とは、ここまで見てきたように、アブラハムの子らであるイスラエルの人々をエジプトから救い出し、彼らの「主」であることを示された神と、「主」である神の民とされた人々との間に結ばれた契約を指しています。

この「旧い契約」に対して、新約聖書の「新約」ということばは、イエス・キリストを神の子と信じた人々によって見出された、神の恵みとしての「新しい契約」です。「新約聖書」が語るイエス・キリストの十字架の死と復活という出来事において、神はすべての人を御自分との新たな契約に招き、その招きを受け入れてイエス・キリストを信じた人々との間に「旧約」の枠を超えた、「新しい契約」を結んでくださるのです。

「新約聖書」は、イエス・キリストの十字架の血によって結ばれた新しい契約において示されている神の意志と、イエス・キリストを信じる信仰によってその契約に結ばれた人々の「新しい神の民」としての歴史を語っているのです。

2．モーセに示された神の指示

契約締結の儀式の後、モーセは神の呼びかけに応えて、山の頂を覆う神の栄光の雲の中へ登って行き、四十日四十夜そこに留まって、神の指示を受けます。この時、モーセに与えられた指示が、出エジプト記25章から31章にわたって詳細に語られています。

「わたしのための聖なる所を彼らに造らせなさい。わたしは彼らの中に住むであろう。わたしの示す造り方に正しく従って、幕屋とそのすべての祭具を作りなさい」。（出エジプト記25・8－9）

イスラエルの民を、この世界の中で御自分の「祭司の国」「聖なる民」として選び出された「契約の神」は、イスラエルの民の中に住むことを望まれ、そのために、モーセを通して彼らに聖なる幕屋を作るよう指示されるのです。幕屋の建設と、そこで行われる祭儀のために必要となる材料を献納物としてモーセのもとに差し出すことを神は人々に求められます。この神の指示に従うことが、「わたしたちは主が語られたことをすべて行います」と宣誓したイスラエルの民の契約に基づく務めとなるのです。このようにして、イスラエルの民と契約を結び、「イスラエルの主」となられた神は、彼らの中に御自分の聖なる所を定め、彼らの中に住むようにしてイスラエルの民の行く手を導き、そのようにしてこの世界の中に御自分の栄光の存在を示そうとされているのです。

3. 幕屋の中心に据えられる箱

出エジプト記25章10節から27章21節にわたって、神が指示された、いわば、幕屋の見取図が詳細に記されています。イスラエルの民は、ここに示されている神の指示通りに、神の地上の聖所としての幕屋を建設するよう命じられているのです。実際には、イスラエルの民が幕屋を建設するのですが、それは神の指示と、神が示された見取り図に忠実に従って建設されなければならないのです。

ここに、「幕屋」の特異性があります。このような神のための聖所は、後にソロモン王が建てることになるエルサレムの神殿も含めて、この地上には他にないのです。幕屋は神の天の聖所の地上における写しであるとも受け取れます。このような指示が与えられることによって、天の聖所においては、神はケルビム（智天使）に囲まれ、ケルビムの上に座しておられると思い描かれることになるのです。

神が指示される神の聖所の見取り図は、人間が構想する聖所とは異なり、全体的な概略図からではなく、その中心に据えられるべき「箱」についての指示から始まっています。

アカシヤ材で箱を作りなさい。寸法は縦二・五アンマ、横一・五アンマ、高さ一・五アンマ。純金で内側も外側も覆い、周囲に金の飾り縁を作る。四つの金環を鋳造し、それを箱の四隅の脚に、すなわち箱の両側に二つずつ付ける。箱を担ぐために、アカシヤ材で棒を作り、それを金で覆い、箱の両側に付けた環に通す。棒はその環に通したまま抜かずに置く。この箱に、わたしが与える掟《おきて》の板を納めなさい。

（出エジプト記25・10－16）

「箱」の中には、神が与える掟の板、つまり、神の契約のことばが書き記された、モーセに与えられた石の板を納めるよう指示されています。純金で覆われた箱の下部には、約束の地を目指すイスラエルの民の移動に備えて、この箱を担ぐための純金で覆われた棒が通され、掟の板を納める箱の蓋には、向かい合って、広げた翼で箱の蓋を覆う純金の一対のケルビムが配置されます。

このようにして造られる箱の蓋は「贖《あがな》いの座」と呼ばれています。「贖いの座」とは、イスラエルの民をエジプトから救い出し、彼らと契約を結んで、彼らを御自分の民とされた「主」である神の座を意味していると受け止めることができます。「箱」はその中に納められる掟の板に刻まれたそのことばによって、イスラエルの民の中に住まう神の御座なのです。そのことが「箱」についての指示の最後に語られています。

わたしは掟の箱の上の一対のケルビムの間、すなわち贖いの座の上からあなたに臨み、わたしがイスラエルの人々に命じることをことごとくあなたに語る。

（出エジプト記25・22）

こうして掟の石の板に書き記された神のことばは、贖いの座の上から語る神の生きたことばとなるのです。神の御座となる「箱」についての指示に続いて、それが安置される幕屋の構造とそれを作るための材料、その中に調えられるべき聖具類の作り方が事細かに指示されています。その指示に基づく工程の区切りごとに、次のような神のことばが記されています。

あなたはこの山で示された作り方に従い、注意して作りなさい。

（出エジプト記25・40）

こうして、山で示された方式に従って幕屋を造りなさい。（出エジプト記26・30）

山であなたに示されたとおりに造りなさい。（出エジプト記27・8）

御自分の民とされたイスラエルの民の中に住まうことを望まれた神は、そのための幕屋を自らの意匠によって、民の中に造らせようとしておられるのです。イスラエルの「主」である神の聖所の真の設計者は、「主」である神御自身なのです。こうして「主」となられた神は、御自分の民とされたイスラエルの民の聖所において、この地上にその栄光を示そうとされているのです。

これらすべては、イスラエルの民をエジプトから救い出し、シナイの山で彼らに御自分を現されて、彼らを御自分の民とする契約を結ばれた神の熱情による御計画であることを、これらの事細かな幕屋についての神の指示の記録は語ろうとしているのです。

4．「幕屋」に仕える祭司・アロンとその子ら

イスラエルの民を御自分の「祭司の国」「聖なる国民」とするために彼らと契約を結ばれた神は、彼らの中に住まう御自分の幕屋を建て、そこで執り行われるべき御自分への礼拝のための祭儀を定め、それを執り行う祭司を自ら任命されます。こうして、アロンとその子らがイスラエルの民の中から神に仕える祭司として選び出されます。

アロンを祭司として任命し、その子らに受け継がれる祭司職を通して、イスラエルの民を御自分のための

「祭司の国」「聖なる国民」とされた神の意図は、イスラエルの民の中で実現されていくのです。そのために、アロンとその子ら、その家系に属する子孫たちにアロンに与えられる祭司職が受け継がれていくことになったのです。

祭司とされたアロンが幕屋でその務めを果たすために神の御前に出るとき、身につけるべき祭服についての指示が、実際にアロンが祭司とされる前に示されています。アロンが身につけるべき祭服についての指示は、エフォドから始まっています。

エフォドの肩の部分には、イスラエルの十二人の子らの名が順に六つずつ彫り込まれた二つのラピス・ラズリの石を取り付けるよう指示されています。こうして、祭司は神の御前に出るとき、イスラエルの子らの名をその肩に負う者となるのです。

5. 神との出会いの場としての聖所

エフォドの前面にこれを覆うように胸当てがつけられます。胸当てにはイスラエルの十二部族の名が彫り込まれた十二の宝石が四列に縫い付けられ、袋状になっている胸当ての中にウリムとトンミムが入れられ、この胸当ては「裁きの胸当て」と呼ばれています。これについては、

アロンは聖所に入るとき、裁きの胸当てにあるイスラエルの子らの名を胸に帯び、常に主の御前に記念とする。

（出エジプト記28・29）

アロンはこうして、イスラエルの人々の裁きを、主の御前に常に胸に帯びるのである。

（出エジプト記28・30）


と説明されています。

祭司はイスラエルの十二部族の名を胸に帯び、神の裁きの前に出るのです。祭司の頭にはターバンが巻かれ、純金の花模様をあしらった額当てには「主の聖なる者」と文字が彫り込まれます。これによって、祭司自身と祭司によってささげられるイスラエルの人々のささげものは、主の御前に受け入れられるものとなるのです。

アロンとその子らの祭司としての聖別と任職のための儀式が、続く出エジプト記29章に示されています。アロンとその子らは祭司の務めに就く前に、臨在の幕屋の前に進み出て水による清めを受けた後、祭服を身につけ、アロンの頭に聖別の油が注がれることによって「主の聖なる者」として聖別されます。アロンの子らのうち、アロンの後を継ぐことになる者も、祭司に任じられるときに同じように聖別の油を注がれて、アロンの祭服を受け継ぐことになります。こうしてアロンの子らが、「主の聖なる者」としてのアロンの祭司職を受け継いでいくことになるのです。

この式のために、若い雄牛一頭と傷のない雄の子羊二匹がいけにえとしてささげられ、その血が祭壇の各部位に注がれ、その血の一部は、アロンとその子らの右の耳たぶと右の手足の親指に塗られ、彼らの祭服の上に振りかけられるよう指示されています。聖別の油は祭壇にも注がれ、こうしてアロンとその子らは、聖別の油といけにえの血によって、主の祭壇に結ばれた祭司とされるのです。臨在の幕屋の入り口で朝夕日ごとにささげられるべき、いけにえと穀物のささげものについての指示の後で、神はこのように言われたと語られています。

わたしはその場所で、あなたたちと会い、あなたに語りかける。わたしはその所でイスラエルの人々に会う。そこは、わたしの栄光によって聖別される。わたしは臨在の幕屋と祭壇を聖別し、またアロンとその子らをわたしに仕える祭司として聖別する。また、わたしはイスラエルの人々のただ中に宿り、彼らの神となる。彼らは、わたしが彼らの神、主であることを、すなわち彼らのただ中に宿るために、わたしが彼らをエジプトの国から導き出したものであることを知る。わたしは彼らの神、主である。

（出エジプト記29・42－46）

シナイの山における神の契約のことばが再びここに響いています。それは石の板に刻まれ、その掟の石板は契約の箱の中に納められ、その箱が安置される臨在の幕屋において、シナイの山で顕現された神はイスラエルの民の中に住まわれるのです。

シナイの山にイスラエルの人々を導き、そこで御自分の栄光を示して彼らと契約を結ばれた神は、今や、そのおことばどおりに臨在の幕屋にその栄光をもって臨み、イスラエルの人々の中に住み、彼らとともにあって、彼らの行く手を導こうとされているのです。こうして、イスラエルの人々をシナイの山に導かれた神は彼らを御自分の民とし、彼らの主となってくださるのです。

神の聖所としての幕屋と、そこで神によって選ばれ聖別された祭司によってささげられる礼拝の祭儀は、神の契約によって「祭司の王国」「聖なる国民」（出エジプト記19・6）とされたイスラエルの民の神との出会いの場となるのです。そこでイスラエルの民は、彼らの「主」となってくださった神の御声を聴き、神と出会うのです。

6. イスラエルの人々の信仰の中心

ここまで見てきた、出エジプト記19章から語られていたシナイの契約の出来事が、「旧約聖書」を生み出したイスラエルの人々の信仰の中心をなしているのです。シナイの山での契約によってイスラエルの人々を御自分の民とし、彼らの「主」となってくださった神は、神によって聖別された祭司によって、神の指示に従って臨在の幕屋でささげられる礼拝の祭儀を通して、世々にわたって、御自分の栄光の臨在を示そうとされているのです。イスラエルの人々にとって、彼らの「主」である神は今や臨在の幕屋で、そこで行われる祭儀において出会うことのできる彼らの「主」となってくださったのです。

ここにイスラエルの人々にとっての信仰と祭儀との分かちがたい結びつきの秘密が開示されています。祭儀の場においてイスラエルの民は常に、彼らの「契約の主」である神の「祭司の王国」「聖なる国民」としてのアイデンティティーを保ち続けるよう彼らの「主」である神に呼ばれているのです。

7. 信仰の歴史

ここで一旦、出エジプト記の文脈から離れて、「旧約聖書」をもう少し先の方まで読み進めるなら、出エジプト記の「幕屋」に結晶している、「旧約聖書」を生み出したイスラエルの人々の信仰の歴史は、ダビデ王によって構想され、その子ソロモン王によって完成されることになる、エルサレムの神殿に引き継がれていることが分かるはずです。

「サムエル記下」6章から語られるエルサレム神殿の「縁起物語」において、わたしたちはシナイの山における契約によって、イスラエルの「主」となられた神と、「主である神」の民となったイスラエルの歴史の新たな歩みを見ることになるのです。そこにおいて、シナイの幕屋を御自分の栄光の聖所とされた「主」である神は、ソロモン王によって献堂されるエルサレムの神殿を御自分の栄光の座とされるのです。

「サムエル記」に続く「列王記」に語られるイスラエルの歴史は、エルサレムの神殿をその栄光で満たした神と、エルサレムの神殿を御自分の栄光の座と定められた彼らの「契約の神」への、イスラエルの背信の歴史として語られていきます。そして、ついには、エルサレムの神殿が廃墟とされることによって、シナイの契約の結晶である「幕屋」の歴史は終局を迎えることになるのです。

けれども、エルサレムの神殿が崩壊するその時代に、イスラエルには預言者たちの声が響き始めるのです。終には破局に終わったシナイの契約を超えて、神のあわれみによる新しい契約と、新しい神殿への希望を預言者たちは告げるのです。そして、その預言者たちが指し示す希望のうちに、イエス・キリストによってもたらされる「新約」の新しい契約が準備されることになるのです。シナイの契約の「幕屋」に結晶した神の御計画は、旧約のイスラエルの民の歴史の破局を乗り越えて、新約聖書の根底に流れているのです。

8. 金の若い雄牛

出エジプト記20章に戻りましょう。イスラエルの民は彼らの祖先の主である神によってエジプトから導き出され、その絶大な力によって葦《あし》の海の危機から救われ、シナイの山において神の圧倒的な顕現に接したのでした。密雲に覆われたシナイの山の燃える火の中から語りかける声を聞いた人々は、恐れにとらわれて、遠く離れて立ち尽くすことしかできなかったのです。山の上から呼びかける神の声に応えて、モーセは山の頂を目指して登っていき、そこで神が語りかけることばを聴いたのでした。

こうして、主である神が語られたことを山の麓に留まっていた民に語り聞かせたモーセは、再び山の頂に登ってゆき、四十日四十夜そこに留まります（申命記9・9－10参照）。いつまでもモーセが山から下りてこないので、人々は不安になってうろたえます。モーセがいなければ、これからの行く手を導く指導者を見出すことができなくなってしまいます。人々はアロンのもとに来て、自分たちを導く目に見える印を作ってくれるように願ったのでした。モーセがいなくなってしまった今、モーセを通して自分たちに導きを与えてきた主である神への信頼も不安の雲に包まれてしまったのです。

人々の求めに応えて、アロンは心ならずも、金の若い雄牛の像を作って、これが、あなたたちをエジプトから導き出した主であると言って民に示したのでした。こうしてイスラエルの民は、いかなる形ある像も作って、それを拝んではならないという主の契約の掟からそれてしまうのです。これは、イスラエルの民の契約の主である神に対する信仰の根幹を覆す大きな罪です。目に見えない神を金の若い雄牛の目に見える像に変えることによって、イスラエルの民は自分たちの創造主である神を、自分たちの手で作り出そうとしてしまったのです。これ以上の本末転倒の行為はありません。

9．神の怒りとモーセの嘆願

山の頂にモーセを呼び出された主は、その山の麓でイスラエルの民がどのようなことをしているかを見ておられるのです。主はモーセを呼び寄せて言われます。

「直ちに下山せよ。あなたがエジプトの国から導き上った民は堕落し、早くもわたしが命じた道からそれて、若い雄牛の鋳造を造り、それにひれ伏し、いけにえをささげて、『イスラエルよ、これこそあなたをエジプトの国から導き上った神々だ』と叫んでいる」。

（出エジプト記32・7－8）

さらに主は次のように言われています。

「わたしはこの民を見てきたが、実にかたくなな民である。今は、わたしを引き止めるな。わたしの怒りは彼らに対して燃え上がっている。わたしは彼らを滅ぼしつくし、あなたを大いなる民とする」。

（出エジプト記32・9－10）

アブラハムの子孫であるイスラエルの民を悲惨なエジプトでの奴隷状態から救い出し、シナイの荒れ野で契約を結んで、彼らを御自分の民としてくださった主である神は、彼らのありさまをご覧になって、一度は御自分の民とされた彼らを滅ぼし尽くすと言われるのです。その上でかつてアブラハムに約束されたように、今度はモーセを主に忠実な新しい神の民の始祖とすると言われるのです。

イスラエルの民の上にこれ以上はない愛情を注いでこられた主である神は、ここに至って、御自分の民とされたイスラエルを地上から滅ぼし尽くすと言われているのです。神の怒りは、御自分に不忠実なイスラエルの民の罪に傷ついた深い悲しみによるものです。

神の似姿に創造された人間であるわたしたちも、愛する者の不実を経験するとき、このような悲しみによって傷つき、己を忘れて、すべてを破壊してしまおうとする衝動に駆られます。愛とはそのようなものです。神はそのような愛を包み隠すことなくモーセにぶつけられたのです。主である神の愛に不忠実な同胞のありさまを知るモーセはそのような神の愛に圧倒されたのです。

このような神の激しい怒りの前に、モーセは身を挺《てい》して嘆願します。

「主よ、どうして御自分の民に向かって怒りを燃やされるのですか。あなたが大いなる御力と強い御手をもってエジプトの国から導き出された民ではありませんか。どうしてエジプト人に、『あの神は、悪意をもって彼らを山で殺し、地上から滅ぼし尽くすために導き出した』と言わせてよいでしょうか。どうか、燃える怒りをやめ、御自分の民にくだす災いを思い直してください」。（出エジプト記32・11－12）

モーセは、イスラエルの民をエジプトから救い出されたあわれみを思い起こし、神御自身の名誉のために怒りを鎮め、民をゆるしてくださるよう懇願します。さらには、自分のいのちさえ投げ出して、民へのあわれみを願い求めます。

「ああ、この民は大きな罪を犯し、金の神を造りました。今、もしもあなたが彼らの罪をおゆるしくださるのであれば……」。

（出エジプト記32・31－32）

と言ってモーセは口ごもります。そして口を開いてこのように言うのです。

「それがかなわなければ、どうかこのわたしをあなたが書き記された書の中から消し去ってください」。

（出エジプト記32・32）

10．神のゆるしと幕屋の建設

いのちを賭してのモーセの嘆願によって神は怒りをおさめ、金の雄牛の像の前に平伏した民の罪をゆるされたのでした。主である神に向かってモーセは、進むべき道を示し、ともに同行してくださるように願い求めます。モーセを名指しで選び出された神は、そのことを思い起こし、この願いを聞き入れてくださるのです。こうしてイスラエルの民は、主の民として、主である神の導きのもとに約束の地へと旅立つことができたのです。

モーセのとりなしの願いを聞き入れ、再び約束の地への旅立ちをお認めになった神は、「しかし」と言われます。

「あなたも、あなたがエジプトの国から導き上った民も、ここをたって、わたしがアブラハム、イサク、ヤコブに誓って、『あなたの子孫に与える』と言った土地に上りなさい。……しかし、わたしはあなたの間にあって上ることをしない。途中であなたを滅ぼしてしまうことがないためである。あなたはかたくなな民である」。

（出エジプト記33・1－3）

イスラエルの民のかたくなさを知っておられる神は、再び彼らをその怒りによって滅ぼしてしまうことのないように、彼らから身を隠そうとなさるのです。ここでも、モーセは必死になって願います。

「もし、あなた御自身が行ってくださらないのなら、わたしたちをここから上らせないでください。一体何によって、わたしとあなたの民に御好意を示してくださることが分かるでしょうか。あなたがわたしたちと共に行ってくださることによってではありませんか」。

（出エジプト記33・15－16）

神はこの願いをも聞き入れてくださり、一旦は拒否された同行に同意してくださるのです。こうして、再び約束の地への道が開かれたのです。

それだけではなく、神はモーセの願いを聞き入れた証しとして、御自分の栄光をモーセにお示しになられます。モーセは神の御顔の栄光の輝きを見ることはできませんでしたが、神の臨在の証しであるその後姿を見たのでした。モーセにその栄光の御姿を示された神は、さらに、お命じになります。

「前と同じ石の板を二枚切りなさい。わたしは、あなたが砕いた、前の板に書かれていた言葉を、その板に記そう」。

（出エジプト記34・1）

金の雄牛の像の前で踊り戯れる民の姿を見て、モーセが怒りのあまり岩に投げつけて砕いてしまった掟《おきて》の板を神はもう一度モーセに与えられるのです。モーセの前を通り過ぎられた神は、次のように宣言されます。

「主、主、憐れみ深く恵みに富む神、忍耐強く、慈しみとまことに満ち、幾千代にも及ぶ慈しみを守り、罪と背きと過ちを赦す。しかし罰すべき者を罰せずにはおかず、父祖の罪を、子、孫に三代、四代にまでも問う者」。

（出エジプト記34・6－7）

こうして、モーセに栄光を示された神は、新たに与えた石の板に書き記された掟に基づいて、自らかたくなな民と言われるイスラエルの民と契約を新たにしてくださるのです。金の偶像を拝んで、罰せられた民と新たな契約を結んでくださり、彼らの主であることを再確認してくださった神は、以前に示しておられた墓屋の建設に取り掛かることをおゆるしになります。こうして前に示されていた幕屋は、細部に至るまで神の指示通りに建設されることになったのです。

11．イスラエルにおける神の場

幕屋の建設が完了したとき、神の栄光の雲が幕屋を覆い、幕屋は神の臨在の場であることが示されます。

幕屋にその臨在を示された神は、イスラエルの民とともにあって、荒れ野の旅を切り開いてくださることになったのです。

栄光の雲が幕屋にとどまるときには、民はその地にとどまり、栄光の雲が幕屋を離れて上るのを見ると、イスラエルの人々はそれに従って荒れ野の旅の先へと進んでいったのです。こうして、神はモーセに約束されたように、荒れ野を越えて彼らを約束の地に導かれたのです（出エジプト記40・34－38参照）。

以上が出エジプト記に語られている、イスラエルの民の祖先たちがたどった出エジプトの旅の記憶です。旧約のイスラエルの民は、年ごとにこの記念を新たにし、彼らの主である神への感謝と賛美をささげ続けたのです。この記念の祭りによって、イスラエルの人々は自分たちが信じている神が、どのようなお方であるかを新たに確認し、その主に従う心を新たにしたのです。ここに示されている神が、聖書を通してわたしたちが知ることのできる神の御姿です。

キリスト者であるわたしたちにとっても、神とはここに語られている通りのお方であり、その神に信頼して、そのみことばに従って生きるということが、わたしたちにとっての信仰なのです。イスラエルの民が残したこのような聖書が存在しなかったなら、キリスト教の信仰は生まれなかったことでしょう。

繰り返しますが、キリスト教の信仰を生きようとする者たちにとって、旧約聖書に語られているイスラエルの民の歴史は、この世界の歴史の中で彼らを選んで、御自分の民とされた神と、その神がお与えになった契約を受け入れて、神の民となって生きたイスラエルの民の歴史です。

キリスト教の信仰は、ここに示されている神とイスラエルの民の歴史を淵《えん》源として、その中から生まれたイエス・キリストを信じることによって開かれた、常に新たな出エジプトを目指す旅立ちへとわたしたちを促す信仰なのです。

この信仰を生きようとする人々は、現代世界の時の流れの中に生きながら、旧約聖書に示されているイスラエルの民と契約を結ばれ、彼らの主となられた天地の創造主である神との関係を自分たちの生の基軸として生きようとしているのです。

第9章

聖なる者となりなさい――レビ記・民数記

1．祭司の王国の祭儀

出エジプト記に続くレビ記には、シナイの契約によって、主である神の「祭司の王国」、「聖なる国民」とされたイスラエルの民が守り行うべき祭儀律法が事細かく規定されています。ここに書き記されている掟《おきて》の数々は、汚れに満ちた世界の中にあって、祭司の王国として、その使命を果たすためのものです。幕屋において、大祭司が執り行ういけにえの祭儀にあずかる民は、それによって清められる前に、自らを清めなければならないのです。聖にして聖なる神に仕えるためには、自らも聖なる者でなければならないのです。

あなたたちは聖なる者となりなさい。あなたたちの神、主であるわたしは聖なる者である。

（レビ記19・2）

聖なる神の聖なる民となって、聖そのものである神のいのちに結ばれて、この世界の中で神に清いいけにえをささげることが、祭司の王国とされたイスラエルの霊性の根幹であり、使命であるのです。その使命に生きるためには、あらゆる汚れを避けるだけではなく、神の御心に沿って、ともに生きる者たちへの配慮も忘れてはならないことが、祭儀律法とともに定められています。

穀物を収穫するときは、畑の隅まで刈り尽くしてはならない。収穫後の落ち穂を拾い集めてはならない。ぶどうも、摘み尽くしてはならない。ぶどう畑の落ちた実を拾い集めてはならない。これらは貧しい者や寄留者のために残しておかなければならない。（レビ記19・9－10）

心の中で兄弟を憎んではならない。同胞を率直に戒めなさい。そうすれば彼の罪を負うことはない。復讐してはならない。民の人々に恨みを抱いてはならない。自分自身を愛するように隣人を愛しなさい。（レビ記19・17－18）

寄留者があなたの土地に共に住んでいるなら、彼を虐げてはならない。あなたたちのもとに寄留する者をあなたのうちの土地に生まれた者同様に扱い、自分自身のように愛しなさい。なぜなら、あなたたちもエジプトの国においては寄留者であったからである。（レビ記19・33－34）

神が聖であるように自らも聖であることと、神が正義とあわれみの神であるのと同様に、イスラエルもそうであることが求められるのです。祭司の王国とされたイスラエルにとって、祭儀の場においても、日常の生活においても、神の御前に生きることが最優先されるべき課題であるのです。安息日や安息年、さらには、五十年ごとのヨベルの年の規定にも同じ精神が流れていることが分かります（レビ記25章参照）。

2．祝福と呪い

あなたたちがわたしの掟に従って歩み、わたしの戒めを忠実に守るならば、わたしは時季に応じて雨を与える。それによって大地は作物をみのらせ、野の木は実をみのらせる。穀物の収穫にはぶどうの収穫が続き、ぶどうの収穫には種蒔きが続いて、あなたたちは食物に飽き足り、国のうちで平穏に暮らすことができる。

（レビ記26・3－5）

しかし、これらの祝福の最たるものは以下の通りです。

わたしはあなたたちのただ中にわたしの住まいを置き、あなたたちを退けることはない。わたしはあなたたちのうちを巡り歩き、あなたたちの神となり、あなたたちはわたしの民となる。

（レビ記26・11－12）

イスラエルが神の掟と戒めに忠実に従って歩むなら、神は彼らとの契約の主であることを確認し、彼らを祝福で満たしてくださるのです。神の祝福を受けるための条件は、イスラエルが神の掟に従うかどうかにかかっています。従わなければ、と神は言われます。

しかし、わたしの言葉を聞かず、これらすべての戒めを守らず、わたしの掟を捨て、わたしの法を捨て、何一つわたしの戒めに従わず、わたしの契約を破るならば、わたしは必ずあなたたちにこうする。すなわち、あなたたちの上に恐怖を臨ませ、肺病、失明や衰弱をもたらす熱病にかからせる。あなたたちは種を蒔いてもむなしい。敵がそれを食べ尽くす。わたしは顔をあなたたちに向けて攻める。それゆえ、あなたたちは敵に打ち破られ、あなたたちを憎む者に踏みにじられ、追う者もないのに逃げ去らねばならない。（レビ記26・14－17）

それでも背きに背きを重ねるなら、罰としての災いは七倍、さらに七倍となっていくのです。事実、イスラエルの民は彼らの歴史を通してこれらのことを経験することになるのです。けれども、これらの災いをもってイスラエルの民を滅ぼしつくすことが神のお望みではありません。

しかし、もし彼らが自分と自分の先祖の罪、すなわち、わたしを欺いて、反抗した罪を告白するならば、たとえわたしが彼らに立ち向かい、敵の国に連れ去っても、もし、彼らのかたくなな心が打ち砕かれ、罪の罰を心から受け入れるならば、そのとき、わたしはヤコブとのわたしの契約、イサクとのわたしの契約、さらにはアブラハムとのわたしの契約を思い起こし、かの土地を思い起こす。彼らが後にした土地は、打ち捨てられている間、安息を楽しむ。彼らはわたしの法を捨て、わたしの掟を退けたから、罪の罰を心から受け入れなければならない。（レビ記26・40－43）

イスラエルの民の心が悔い改められるとき、神は再び、そのあわれみの心を示してくださるのです。

それにもかかわらず、彼らが敵の国にいる間も、わたしが彼らを捨てず、退けず、彼らを滅ぼし尽くさず、彼らと結んだわたしの契約を破らない。わたしは彼らの神、主だからである。わたしは彼らの先祖と結んだ契約を、彼らのために思い起こす。彼らはわたしがその神となるために、かつて国々の目の前でエジプトの国から導き出した者である。わたしは主である。（レビ記26・44－45）

以上は、主がシナイ山においてモーセを通して、御自分とイスラエルの人々との間に定められた掟と法と律法である。（レビ記26・46）

シナイの契約に基く律法集は、このように締めくくられています。レビ記もまた、掟集としての外観のもとに、旧約のイスラエルの民が生きた神への信仰のいのちがみなぎる書物であるのです。レビ記に流れているこの信仰のいのちの流れは申命記の中にあふれ、結晶となります。

3．人口調査を終えて

神の絶大な力によってエジプトから救い出されたイスラエルの人々が、なぜ四十年もの間、荒れ野をさまよわなければならなかったのか、ということが民数記には語られています。

主のことばに従って、イスラエルの部族ごとに二十歳以上の男子の人口調査を終えて、隊列を整えた民は出発の準備が整ったのでした。アロンとその子らの祭司たちは出発を前にした民を祝福して言います。

主があなたを祝福し、あなたを守られるように。主が御顔を向けてあなたを照らし、あなたに恵みを与えられるように。主が御顔を向けてあなたに平安を賜るように。

（民数記６・24－26）

レビ人たちに担がれた契約の箱が先頭を進み、民はその後に従って、荒れ野の道を進むことになったのです。その模様は次のように語られています。

人々は主の山を旅立ち、三日の道のりを進んだ。主の契約の箱はこの三日の道のりを彼らの先頭に進み、彼らの休む場所を探した。彼らが宿営を旅立つとき、昼は主の雲が彼らの上にあった。主の箱が出発するとき、モーセはこう言った。「主よ、立ち上がってください。あなたの敵は散らされ、あなたを憎む者は御前から逃げ去りますように」。その箱がとどまるときには、こう言った。「主よ、帰って来てください。イスラエルの幾千幾万の民のもとに」。

（民数記10・33－36）

4. 繰り返される不平と反抗

神の導きのもと、祝福を受けて旅立ったイスラエルの民は、荒れ野の道を進むにつれて、出エジプト記に語られていたように、神に対して不平を漏らし、反抗を繰り返します。神がお与えになったマナに飽き飽きした民は、肉を求めます。神はこの要求にも応えてくださり、うずらの大群を宿営の周りに降らせられます。しかし、人々がそれを食べ尽くさないうちに疫病が襲い、その土地は「貪欲の墓」と呼ばれるほどに多くの人々が神の憤りに打たれていのちを落としたのでした。歩を進め、パランの荒れ野についたとき、モーセは神のことばに従って、行く手に偵察隊を出すことにしました。四十日の偵察を終えて戻ってきた人々は、その土地の果物を携え、それを示しながら次のような報告をします。

「わたしたちは、あなたが遣わされた地方に行って来ました。そこは乳と蜜が流れる所でした。これがそこの果物です。しかし、その土地の住民は強く、町という町は城壁に囲まれ、大層大きく、しかも、アナク人の子孫さえ見かけました。ネゲブ地方にはアマレク人、山地にはヘト人、エブス人、アモリ人、海岸地方およびヨルダン沿岸地方にはカナン人が住んでいます」。（民数記13・27－29）

さらにことばを継いで、こう言って人々の心を動揺させます。

「我々が偵察して来た土地は、そこに住み着こうとするものを食い尽くすような土地だ。我々が見た民は皆、巨人だった。そこで我々が見たのは、ネフィリムなのだ。アナク人はネフィリムの出なのだ。

我々は、自分がいなごのように小さく見えたし、彼らの目にもそう見えたにちがいない」。
（民数記13・32－33）

これを聞いた民は夜通し泣き言を並べ立て、モーセとアロンに言います。

「エジプトの国で死ぬか、この荒れ野で死ぬ方がよほどましだった。どうして、主は我々をこの土地に連れて来て、剣で殺そうとされるのか。妻子は奪われてしまうだろう。それくらいなら、エジプトに引き返した方がましだ」。そして、互いに言い合った。「さあ、一人の頭《かしら》を立てて、エジプトへ帰ろう」。
（民数記14・2－4）

偵察してきた者の中で、ヨシュアとカレブだけは、

「もし、我々が主の御心に適うなら、主は我々をあの土地に導き入れ、あの乳と蜜の流れる土地を与えてくださるであろう」
（民数記14・8）

と言いますが、人々は彼らを石殺しにしてしまおうとさえするのです。このとき、臨在の幕屋に主の栄光が現れ、その中から、主はモーセに言われます。

「この民は、いつまでわたしを侮るのか。彼らの間で行ったすべてのしるしを無視し、いつまでわたしを信じないのか。わたしは疫病で彼らを撃ち、彼らを捨て、あなたを彼らよりも強大な国民としよう」。

（民数記14・11－12）

5．四十年間の宣告

モーセは、再び民のために主に訴えます。これに対して、このときも主はゆるすと言われますが、モーセとアロンに次のように言われます。

「この悪い共同体は、いつまで、わたしに対して不平を言うのか。わたしは、イスラエルの人々がわたしに対して言う不平を十分聞いた」。

（民数記14・27）

このように言われる主は、モーセのとりなしにもかかわらず、今度は次のように言われます。

「彼らに言うがよい。『主は言われる。わたしは生きている。わたしは、お前たちが言っていることを耳にしたが、そのとおり、お前たちに対して必ず行う。お前たちは死体となってこの荒れ野に倒れるであろう。わたしに対して不平を言った者、つまり戸籍に登録された二十歳以上の者はだれ一人、わたしが手を上げて誓い、あなたたちを住まわせると言った土地に入ることはない』」。

（民数記14・28－30）

エジプトから神のあわれみによって救い出され、シナイの山での契約の恵みによって、神の民とされたイスラエルの人々は、度重なる神に対する不平と反抗の罪の結果、荒れ野に死体をさらすことになったのです。けれども、神のまこととあわれみは神の民としてのイスラエルから離れることはありません。

「お前たちは、子供たちが奪われると言ったが、わたしは彼らを導き入れ、彼らは、お前たちの拒んだ土地を知るようになる。しかし、お前たちは死体となってこの荒れ野で倒れる。お前たちの子供は、荒れ野で四十年の間羊飼いとなり、お前たちの最後の一人が荒れ野で死体となるまで、お前たちの背信の罪を負う。あの土地を偵察した四十日という日数に応じて、一日を一年とする四十年間、お前たちの罪を負わなければならない」。（民数記14・31－34）

こうして、イスラエルの民は約束の地を目の前にしながら、四十年の荒れ野の流浪の旅を続けなければならなかったのです

6．メリバの泉で

民数記20章のメリバの泉の場面で、民を率いてきたモーセが約束の地に入ることができないことが語られています。

民はモーセに抗弁して言った。「同胞が主の御前で死んだとき、我々も一緒に死に絶えていたらよか

ったのだ。なぜ、こんな荒れ野に主の会衆を引き入れたのです。我々と家畜をここで死なせるためですか。なぜ、我々をエジプトから導き上らせて、こんなひどい所に引き入れたのです。ここには種を蒔く土地も、いちじくも、ぶどうも、ざくろも、飲み水さえもないではありませんか」。

（民数記20・3－5）

臨在の幕屋の栄光のうちから主はモーセに言われます。

「あなたは杖を取り、兄弟アロンと共に共同体を集め、彼らの目の前で岩に向かって、水を出せと命じなさい。あなたはその岩から彼らのために水を出し、共同体と家畜に水を飲ませるがよい」。

（民数記20・8）

モーセは主のことばに従って杖を取って、

「反逆する者らよ、聞け。この岩からあなたたちのために水を出さねばならないのか」。

（民数記20・10）

こう言ってモーセは杖で二度岩を打ったのでした。水はほとばしり出て、人々と家畜はその水を飲むことができたのですが、そのとき、主はモーセとアロンに言われたのです。

「あなたたちはわたしを信じることをせず、イスラエルの人々の前に、わたしの聖なることを示さなかった。それゆえ、あなたたちはこの会衆を、わたしが彼らに与える土地に導き入れることはできない」。（民数記20・12）

モーセとアロンもまた、約束の地に入ることは許されずに、道半ばでその生涯を終えることになるのです。しかし、アロンにはその息子エルアザルを跡継ぎとして（申命記10・6参照）、モーセの後継者としては、モーセの従者ヨシュアを任命させられます（同1・38参照）。

モーセとアロンの死後、モーセの後継者ヨシュアに導かれて、荒れ野で生を受けたイスラエルの民の新しい世代の者たちは約束の地を目指すことになったのでした。荒れ野の流浪の旅の末に、彼らは荒れ野の東に広がるモアブの地にたどり着くのです。

第10章

申命記のいましめ

1. モアブの地を前にして

出エジプトの神の救いの御業《みわざ》を経験し、荒れ野の旅を経て、モアブの地にまでたどり着いたイスラエルの民を呼び集めてモーセは語ります。

「聞け、イスラエルよ。我らの神、主は唯一の主である。あなたは心を尽くし、魂を尽くし、力を尽くして、あなたの神、主を愛しなさい」。（申命記6・4－5）

モアブの野にたどり着いたイスラエルの民は約束の地を目前にしています。そこで、モーセはあらためて出エジプトの旅を思い起こすように語りかけています。

「あなたの神、主が先祖アブラハム、イサク、ヤコブに対して、あなたに与えると誓われた土地にあなたを導き入れ、あなたが自ら建てたのではない、大きな美しい町々、自ら満たしたのではない、あらゆる財産で満ちた家、自ら掘ったのではない貯水池、自ら植えたのではないぶどう畑とオリーブ畑を得、食べて満足するとき、あなたをエジプトの国、奴隷の家から導き出された主を決して忘れないように注意しなさい。あなたの神、主を畏れ、主にのみ仕え、その御名によって誓いなさい。他の神々、周辺諸国民の神々の後に従ってはならない。あなたのただ中におられるあなたの神、主は熱情の神である。あなたの神、主の怒りがあなたに向かって燃え上がり、地の面《おもて》から滅ぼされないようにしなさい」。

（申命記6・10－15）

荒れ野の旅を振り返るとき、イスラエルの民はそこで自分たちが主の御前にどのようであったかを省みざるを得なくなります。

「あなたたちがマサにいたときにしたように、あなたたちの神、主を試してはならない。あなたたちの神、主が命じられた戒めと定めと掟をよく守り、主の目にかなう正しいことを行いなさい。そうすれば、あなたは幸いを得、主があなたの先祖に誓われた良い土地に入って、それを取り、主が約束されたとおり、あなたの前から敵をことごとく追い払うことができる」。

（申命記6・16－19）

モアブの地で聞いたみことばは、それを聞いた彼らのためだけではなく、子々孫々に伝えるべき掟《おきて》となります。

「将来、あなたの子が『我々の神、主が命じられたこれらの定めと掟と法は何のためですか』と尋ねるときには、あなたの子にこう答えなさい。『我々はエジプトでファラオの奴隷であったが、主は力ある御手をもって我々をエジプトから導き出された。主は我々の目の前で、エジプトとファラオとその宮廷全体に対して大きな恐ろしいしるしと奇跡を行い、我々をそこから導き出し、我々の先祖に誓われたこの土地に導き入れ、それを我々に与えられた。主は我々にこれらの掟をすべて行うように命じ、我々の神、主を畏れるようにし、今日あるように、常に幸いに生きるようにしてくださった。我々が命じられたとおり、我々の神、主の御前で、この戒めをすべて忠実に行うように注意するならば、われわれは報いを受ける』」。

（申命記６・20－25）

２．イスラエルに対する主の愛

なぜ、イスラエルの主である神はこれほどまでにイスラエルに目をとめてくださるのでしょうか。熱情の神である主が自らイスラエルをお選びになったからです。

「あなたは、あなたの神、主の聖なる民である。あなたの神、主は地の面にいるすべての民の中からあなたを選び、御自分の宝の民とされた。主が心引かれてあなたたちを選ばれたのは、あなたたちが他のどの民より数が多かったからではない。あなたたちは他のどの民よりも貧弱であった。ただ、あなたに対する主の愛のゆえに、あなたたちの先祖に誓われた誓いを守られたゆえに、主は力ある御手をもってあなたたちを導き出し、エジプトの王、ファラオが支配する奴隷の家から救い出されたのである」。
（申命記7・6−8）

主である神の愛に応える道は、主がお与えになる掟を忠実に守り行うことです。イスラエルの律法はこのことに掛かっています。

「あなたは知らねばならない。あなたの神、主が神であり、信頼すべき神であることを。この方は、御自分を愛し、その戒めを守る者には千代にわたって契約を守り、慈しみを注がれるが、御自分を否む者にはめいめいに報いて滅ぼされる。……あなたは、今日わたしが、『行え』と命じた戒めと掟と法を守らねばならない」。
（申命記7・9−11）

「あなたたちがこれらの法に聞き従い、それを忠実に守るならば、あなたの神、主は先祖に誓われた契約を守り、慈しみを注いで、あなたを愛し、祝福し、数を増やしてくださる。主は、あなたに与えると先祖に誓われた土地であなたの身から生まれる子と、土地の実り、すなわち穀物、新しいぶどう酒、オリーブ油など、それに牛の子や羊の子を祝福してくださる」。
（申命記7・12−13）

荒れ野の旅は、イスラエルにとって主がお与えになった訓練の時であったのです。

「あなたの神、主が導かれたこの四十年の荒れ野の旅を思い起こしなさい。こうして主はあなたを苦しめて試し、あなたの心にあること、すなわち御自分の戒めを守るかどうか知ろうとされた。主はあなたを苦しめ、飢えさせ、あなたも先祖も味わったことないマナを食べさせられた。人はパンだけで生きるのではなく、人は主の口から出るすべての言葉によって生きることをあなたに知らせるためであった。この四十年の間、あなたのまとう着物は古びず、足がはれることもなかった。あなたは、人が自分の子を訓練するように、あなたの神、主があなたを訓練されることを心に留めなさい。あなたの神、主の戒めを守り、主の道を歩み、彼を畏れなさい。あなたの神、主はあなたをよい土地に導き入れようとしておられる」。

（申命記８・２−７）

３．主の契約と警告

主によって導き入れられる土地に入るとき、イスラエルは決して主を忘れることなく、その戒めからそれてはならないのです。主を忘れることなくその戒めを守り行うなら、主は彼らとの契約を忘れることなく、報いを与えてくださる。しかし、もし他の神々に従って、これに仕えるなら、彼らは滅び去ることになるのです。

わたしが今日命じる戒めと法と掟を守らず、あなたの神、主を忘れることないように、注意しなさい。あなたが食べて満足し、立派な家を建てて住み、牛や羊が殖え、銀や金が増し、財産が豊かになって、心おごり、あなたの神、主を忘れることのないようにしなさい。主はあなたをエジプトの国、奴隷の家から導き出し、炎の蛇とさそりのいる、水のない乾いた、広くて恐ろしい荒れ野を行かせ、硬い岩から水を湧き出させ、あなたの先祖が味わったことないマナを荒れ野で食べさせてくださった。それは、あなたを苦しめて試し、ついには幸福にするためであった。あなたは、「自分の力と手の働きで、この富を築いた」などと考えてはならない。むしろ、あなたの神、主を思い起こしなさい。富を築く力をあなたに与えられたのは主であり、主が先祖に誓われた契約を果たして、今日のようにしてくださったのである。もしあなたが、あなたの神、主を忘れて他の神々に従い、それに仕えて、ひれ伏すようなことがあれば、わたしは、今日、あなたたちに証言する。あなたたちは必ず滅びる。主があなたたちの前から滅ぼされた国々と同じように、あなたたちも、あなたたちの神、主の御声に聞き従わないがゆえに、滅び去る。

（申命記8・11－20）

イスラエルが約束の地に入り、それを得ることができるのは、彼らが正しいからではないことが、繰り返し強調されています。その国々の民がイスラエルの前から追い払われ、滅び去るのは、その国々の民が主である神に逆らうからであると説明されています。

あなたの神、主があなたの前から彼らを追い出されるとき、あなたは、「わたしが正しいので、主は、わたしを導いてこの土地を得させてくださった」と思ってはならない。この国々の民が神に逆らうから、主があなたの前から彼らを追い払われるのである。あなたが正しく、心がまっすぐであるから、行って、彼らの土地を得るのではなく、この国々の民が神に逆らうから、あなたの神、主が彼らを追い払われる。またこうして、主はあなたの先祖、アブラハム、イサク、ヤコブに誓われたことを果たされるのである。あなたが正しいので、あなたの神、主がこの良い土地を与え、それを得させてくださるのではないことをわきまえなさい。あなたはかたくなな民である。あなたは荒れ野であなたの神、主を怒らせたことを思い起こし、忘れてはならない。あなたたちは、エジプトの国を出た日からここに来るまで主に背き続けてきた。（申命記9・4－7）

さらに続けてモーセは語ります。

ホレブにいたとき、あなたたちが主を怒らせたので、主はあなたたちに向かって激しく憤り、滅ぼそうとされた。わたしが石の板、すなわち主があなたたちと結ばれた契約の板を受け取るため山に登ったとき、わたしは四十日四十夜、山にとどまり、パンも食べず水も飲まなかった。主は、神の指で記された二枚の石の板をわたしにお授けになった。その上には、集会の日に、主が山で火の中からあなたたちに告げられた言葉がすべてそのとおりに記されていた。四十日四十夜が過ぎて、主はわたしにその二枚の石の板、契約の板を授けられた。そのとき、主はわたしに言われた。「すぐに立って、ここから下りなさい。あなたがエジプトから導き出した民は堕落し、早くもわたしが命じた道からそれて、鋳像を造った」。主は更に、わたしに言われた。「わたしはこの民を見てきたが、実にかたくなな民である。わたしを引き止めるな。わたしは彼らを滅ぼし、天の下からその名を消し去って、あなたを彼らより強く、

数の多い国民とする」。（申命記9・8－14）

4．主への反抗とゆるし

モーセのことばは、かつての民の罪を思い起こさせて次のように続きます。

わたしが身を翻して山を下ると、山は火に包まれて燃えていた。わたしは両手に二枚の契約の板を持っていた。わたしが見たのは、あなたたちがあなたたちの神、主に罪を犯し、子牛の鋳像を造って、早くも主の命じられた道からそれている姿であった。わたしは両手に持っていた二枚の板を投げつけ、あなたたちの目の前で砕いた。主の目に悪と見なされることを行って罪を犯し、主を憤らせた、あなたたちのすべての罪のゆえに、わたしは前と同じように四十日四十夜、パンも食べず水も飲まず主の前にひれ伏した。わたしは、主が激しく怒りに燃え、あなたたちを滅ぼされるのではないかと恐れたが、主はこのときも、わたしに耳を傾けてくださった。アロンに対しても、主は激しく怒って滅ぼそうとされたが、わたしはそのとき、アロンのためにも祈った。また、あなたたちの罪、あなたたちが造った子牛を取り上げて火に投じ、粉々に砕いて塵とし、その塵を山から流れる川に投げ捨てた。（申命記9・15－21）

モーセはさらに続けて、その後もイスラエルの民が犯し続けた主に対する反抗を思い起こさせます。けれども、そのたびに主はモーセの願いを聞き入れられ、怒りを鎮めて、ゆるしを与えられたのです。

あなたたちはタブエラでも、マサでも、キブロト・ハタアワでも主を怒らせた。主がカデシュ・バルネアからあなたたちを遣わし、「上って行って、わたしが与える土地を取りなさい」と言われたときも、あなたたちの神、主の命令に背き、主を信頼せず、その声に聞き従わなかった。主があなたたちをお選びになって以来、あなたたちは背き続けてきた。（申命記9・22－24）

モーセの願いを聞き入れられた主は、再び石に刻まれた十戒の板を与えてくださり、モーセはその板を木の箱に納め、主によって選ばれたレビ族の者たちが、それを担いで民の先頭に立つようにします。こうして、イスラエルの人々は主に導かれて荒れ野の旅を続けます。レビ人たちは特別に主のおそば近くに仕え、主の名によって祝福を与える使命を受けたのです。

5．繰り返される主の諭し

約束の地を前にして、イスラエルは主との契約を新たにすることになります。エジプトから救い出され、ここまで導かれてきたことを感謝のうちに思い起こし、これから入る土地で主に背いて、主から離れることのないよう、繰り返し諭されています。約束の地に入ってからも、そこで幸せに生きながらえることができるか否かは人々の生き方にかかっているのです。

見よ、わたしは今日、命と幸い、死と災いをあなたの前に置く。わたしが今日命じるとおり、あなたの神、主を愛し、その道に従って歩み、その戒めと掟と法を守るならば、あなたは命を得、かつ増える。

あなたの神、主は、あなたが入って行って得る土地で、あなたを祝福される。

（申命記30・15－16）

もしあなたが心変わりして聞き従わず、惑わされて他の神々にひれ伏し仕えるならば、わたしは今日、あなたたちに宣言する。あなたたちは必ず滅びる。ヨルダン川を渡り、入って行って得る土地で、長く生きることはない。わたしは今日、天と地をあなたたちに対する証人として呼び出し、生と死、祝福と呪いをあなたの前に置く。あなたは命を選び、あなたもあなたの子孫もいのちを得るようにし、あなたの神、主を愛し、御声を聞き、主につき従いなさい。それが、まさしくあなたの命であり、あなたは長く生きて、主があなたの先祖アブラハム、イサク、ヤコブに与えると誓われた土地に住むことができる。

（申命記30・17－20）

6．モーセへの最後の指示

民に告げるべきことをすべて語り終えたとき、主はモーセに言われます。

「あなたの死ぬ日は近づいた。ヨシュアを呼び寄せ、共に臨在の幕屋の中に立ちなさい」。

（申命記31・14）

そこで、栄光の雲の中から主はモーセに言われます。

「あなたは間もなく先祖と共に眠る。するとこの民は直ちに、入って行く土地で、その中の外国の神々を求めて姦淫《かんいん》を行い、わたしを捨てて、わたしが民と結んだ契約を破るであろう。その日、この民に対してわたしの怒りは燃え、わたしは彼らを捨て、わたしの顔を隠す」。（申命記31・16－17）

約束の地に入ってからの民の背信を知っておられる神は、彼らを見放し、その顔を隠すと言われるのです。神はその心のうちを歌にして、モーセに託し、それを民に教えるように命じます。申命記32章には、神の心に満ちている哀切の調べが歌われています。代々にわたってこの歌を歌い継ぐことによって、イスラエルは彼らの主の御心のうちを知り、主に立ち帰るよう促されているのです。

7．モーセの最期

イスラエルの民を率いて、約束の地を目指して荒れ野の道を歩んできたモーセに対しても、荒れ野で死に絶えたエジプトを知る世代の人々とともに、約束の地を目前にしながら死なねばならないと主は告げられます。その理由は、メリバの泉で民のかたくなさに耐え切れず、堪忍袋の緒が切れてしまい、主が聖なることを示さなかったからだとされています。モーセほどの人であっても、神が忍耐強いほどには、かたくなな民の不平と反抗に耐え切れなかったのです。彼は主がお命じになったようにではなく、二度までも杖で岩を叩いてしまったのでした。岩から水は流れ出たのですが、このことが主の目にはモーセの主への信頼の足りなさと映ったのです。

モーセは三度までも、約束の地に入ることを主に願いますが、この彼の願いは、ついに聞き入れられることはなかったのです。その代わりに、主はモーセをネボ山の頂に立たせ、約束の地の全地方を目にすることができるようにしてくださったのです（申命記32・49）。自分の死期を悟ったモーセは、今や、心安んじてそれを受け入れることができたことでしょう。

シナイの燃える柴の中から彼をお呼びになり、同胞たちをエジプトの苦しみから解放し、先祖に約束しておられた土地にまで導く使命をお与えになった神は、今その使命が終わったことを彼に告げておられるのです。ヨシュアを後継者としてお与えになった主は、彼を通して、ここまでモーセが導いてきたイスラエルの民を、ついに約束の地へと導き入れてくださるのです。イスラエルの主である神が見ておられるように、モーセも民の行く手を見ることができたのです。こうしてモーセは自分を遣わされた主である神にすべてを委ねてその生涯を終えることができたのです。

死を前にして、モーセはここまで自分を悩ませ続けてきたイスラエルの部族の全体に、決別の祝福のことばを贈ります。こうしてモーセは主の仰せに従って先祖の列に加えられたのでした。

「イスラエルには、再びモーセのような預言者は現れなかった」。（申命記34・10）

申命記は万感の思いを込めてモーセの死を悼んでいます。モーセの死後、イスラエルの民は、主がモーセに命じてその後継者とされたヨシュアに率いられて約束の地に入ることになります。

8．旧約聖書による神の啓示

ここまで見てきた、旧約聖書のトーラーに語られているイスラエルの民の歴史を通して、キリスト教の信仰宣言に表明されている天地の創造主、全能の父である神は御自分を啓示しておられるのです。キリスト教の神への信仰は、トーラーが啓示している神を信じる信仰なのです。何故、このようなことが言えるのでしょうか。ここからは、このことを見ていくことにいたしましょう。

キリスト教の信仰の対象であるイエス・キリストは、ナザレのイエスとして、旧約聖書に語られているイスラエルの民の歴史の中に登場した歴史上の人物です。新約聖書の福音書に語られているイエス・キリストの生涯とそのイエス・キリストを信じるキリスト教の信仰は、旧約聖書のトーラーにさかのぼるイスラエルの民の信仰を度外視しては理解することができません。

イエス・キリストが父とお呼びする神は、トーラーに語られている天地万物の創造主である神なのです。トーラーに語られている神は、万物に先立って永遠から存在し、混沌の闇の中に、その霊とことばをもって光をもたらし、この世界に存在するすべてのものを創造された神です。この世界の御自分が創造されたすべてのものを良いものとして祝福されたことのうちに神の愛が示されているのです。この世界は、神の愛による御業によって創造されたのです。その創造の御業のすべてを創造主である神とともに喜びのうちに享受できる存在として、神は人間を創造されたのです。人間はしかし、神の意志を無視し、神の創造の世界を我が物顔に支配しようとして、自らが神に代わってこの世界の支配者となろうとしたのです。

こうして、神の創造によるこの世界の中に、人間の罪がもたらした混乱が生じることになりました。この混乱は人間自らがもたらしたものであり、人間はこの混乱の中に生きることになったのです。これが、人間が生きるこの世界の混乱のもととなっています。神がお与えになった神との祝福の関係を放棄し、人間は自らのありようが生み出す混乱状態の中に生きなければならなくなったのです。

9. キリスト教の救い

聖書はその全体を通して、創造主である神の意志を無視し、自ら神との祝福の関係を放棄することによって、神に背き、神から離れ去った人間を再び御自分のもとに呼び戻し、この世界に対する主権を回復されようとする創造主としての、神の救いの御業を語ろうとしているのです。

キリスト教の信仰における救いとは、創造主である神の意図を無視することによって、人間が自ら招いた本末転倒の混乱がもたらす苦しみの中にある人間を、創造主としての愛ゆえに決して見捨てようとせず、本来の祝福の関係に呼び戻そうとされる神の愛による御業なのです。

神を信じるということは、この世界の現状がどのようなものとなっているとしても、この世界とその中に生きるすべてのものに対する、このような神の愛を信じ続けるということです。ここにこそ、救いへの希望が輝いているのです。

このような信仰と希望に基づいて、その上に立って生きることがキリスト者の生き方であるのです。そのためにも、この世界に対する神の愛の歴史を語る聖書を終わりまで読み進めてまいりましょう。そこに、この世界に生きるわたしたちへの神の愛が余すところなく示されているからです。

第11章

約束の地へ――ヨシュア記・士師記

1. ヨルダン川を渡って

大いなる力ある御業《みわざ》によって、エジプトでの悲惨な隷属状態からイスラエルの子孫たちを救い出された神は、シナイの山で彼らと契約を結ばれ、彼らの主となってくださったのでした。こうして神の民とされたイスラエルの人々は神がお立てになった指導者モーセの導きによって、神が彼らの先祖に約束された土地を目指して、目の前に横たわる荒れ野に踏み入っていったのです。

荒れ野の旅の現実に圧倒されるたびに、人々は耐え切れなくなって、モーセに不平を述べ立て、神への不信を露わにしました。ともにいてくださる神の臨在を信じられなくなり、神の約束に対する希望を見失ってしまい、エジプトへの郷愁に駆られ、生きる意欲さえも失ってしまったのでした。そのたびに神はその力を現して彼らを打たねばならなかったのです。

けれども、神は人々の不信と反抗にもかかわらず御自分が約束されたことをたがえることはなさらなかったのです。どこまでも忍耐強い神の誠実さによって、今や、イスラエルの民は神が約束しておられた目的地に到達したのです。彼らは神の計らいによってモーセが目にした約束の地へと歩を進めるときを迎えたのです。神によってモーセの後継者とされたヨシュアに率いられて、イスラエルの人々は約束の地に進入していきます。こうして彼らは神の契約の櫃《ひつ》を担ぐレビ人を先頭に、その後に従ってヨルダン川を渡ることになったのです（ヨシュア記３・６）。

民の先頭に立って、レビ人たちが担ぐ契約の箱がヨルダン川の流れの中に立ち止まったとき、ヨルダン川の流れは壁のようになってせき止められ、川床は干上がり、人々はヨルダン川を渡りきることができたのでした。葦《あし》の海でエジプト軍からイスラエルの人々を救われた神は、あの時と同じように、イスラエルの人々を約束の地へと導き入れてくださったのです。

無事ヨルダン川を渡り終えたイスラエルの人々は、ヨシュアが言うとおりに、ヨルダン川の川床から十二の石を取って、自分たちが立つことのできた土地に記念として立てたのでした。それは、この後、それぞれの部族ごとに分け与えられる土地に定住するようになっても、イスラエルの子らとしての十二部族の絆を忘れることがないためでもあったのです。

ヨルダン川でイスラエルの主である神が彼らのために行ってくださったことを聞いた、アモリ人の王やカナン人の王は、心がくじけ、もはやイスラエルに立ち向かおうとはしなくなったのでした。

２．約束の地に入ったイスラエル

ヨルダン川を渡って約束の地に踏み入ったとき、ヨシュアは主の命令に従って、荒れ野の旅を終えたイスラエルの人々に割礼を施したことが語られています（ヨシュア記５・２）。ことあるごとに、かたくなに主である神に背き続け、その結果、いのちの主である神に見捨てられて荒れ野の旅の途中で死に絶えた出エジプトの救いを経験した親たちの世代に替って、荒れ野で生まれたイスラエルの民の新しい世代の者たちは、まだ割礼を受けていなかったのでした。約束の地に入るにあたって、彼らは割礼を受けて新しい神の民とされ、親たちの世代の約束を受け継ぐ者とされたのです。

約束の地に入って初めての過越祭の祭りを祝ったイスラエルの人々は、その翌日、自分たちが入ることのできた土地の産物を食べることができたのでした。これを境に、荒れ野の旅の間与えられてきたマナは途絶えたのです。こうして、イスラエルの荒れ野の旅は終わったのでした。

エリコの町を前にして、ヨシュアは不思議な幻を見ます。手に抜き身の剣を持った人が立っているのを見たヨシュアが、「あなたは味方か、それとも敵か」と尋ねると、その人は、「わたしは主の軍の将軍である。今着いたところだ」と答えたのです。それは、荒れ野の旅を約束の地へと導いた神御自身の姿だったのです。平伏して礼拝するヨシュアに主は言われます。「あなたの足から履物を脱げ。あなたの立っている場所は聖なる所である」（ヨシュア記５・15）。

シナイの山の麓で燃える柴の中から、モーセを呼ばれた神は、同じことをモーセに命じられました。主がそこにおられることを示される場所は聖なるところとなるのです。主は御自分がそこにおられる聖なる場に彼らを導き入れてくださったのです。

まことの主である神を知らず、その掟《おきて》に服することのなかったカナンの七つの民が住んでいた場所を御自分の聖なる所とされ、その土地をイスラエルの民に与えてくださるのです。こうして、約束の地に入ったイスラエルの民は、神の保護のもとにその土地を自分たちのものとしていくのです。

3. エリコの攻略

ヨシュアを通して告げられた主の命令に従って、契約の箱を担いだ祭司たちは、角笛を携えた七人の祭司たちに先導され、エリコの城壁の周囲を一周します（ヨシュア記6・3）。六日の間同じことを繰り返して、七日目になると、同じように隊列を整えた祭司たちは前後を武装した兵士たちに守られて、エリコの城壁の周囲で角笛を吹き鳴らしながら七周し、従う人々が一斉に鬨《とき》の声を上げるとさしものエリコの城壁も土台から崩れ落ちたのです。こうして、イスラエルの人々はエリコの住民を全滅させ、主にささげたのでした。

葦の海でエジプト軍を全滅させ、ソドムとゴモラを天からの硫黄と火によって滅ぼし尽くし、全地を覆う洪水によって人間の罪によって汚された大地を清められた主は、イスラエルの民によってエリコを滅ぼされた、すべてのものの創造主としての主権を示されたのです。ヨルダン川渡河からエリコの占領に至る物語は、一連の典礼儀式であるかのように語られています。

シナイの契約によって主の祭司の国とされたイスラエルは、そのたび重なる罪にもかかわらず、主である神のあわれみによって清められ、主の聖なるところとされた地に導き入れられていくのです。

4. アカンの罪

イスラエルがアイの町を攻めたとき、主の命令に背いて、ユダ族のゼラの子孫であるアカンは、滅ぼしつくして主にささげるべき財宝の一部を隠して、自分のものとしようとしたのでした。主はこの違反に対して激しく怒り、イスラエルは戦いに破れ、敗退を余儀なくされたのです（ヨシュア記7・4）。その原因を究明した結果、アカンの罪が明らかにされ、アカンとその家の者たちは石殺しの刑に処せられたのでした。

主の命令はこれほどに厳しいものであったのです。イスラエルはこのことを忘れず、主の命令に従うべきであったのです。けれども、この後、主はこの厳しすぎる命令を撤回され、戦利品を分け合うことを許されたのでした。このように、主は人々のありようを受け入れ、イスラエルの求めに対して譲歩を重ね続けられるのです。

5. イスラエルの各部族に割り当てられた土地

エリコから始まった土地取得の戦いは紆余曲折を経て、ついに主がアブラハムに約束しておられた全地に及び、まだ完全には征服されていない地方を残しながらも、イスラエルの民のものとなったのでした。

主が導き入れてイスラエルに与えてくださった領土をヨシュアは主の命令に従って、イスラエルの各部族に分割して与えることにしたのです。こうして、荒れ野の旅を経て約束の地に入ったイスラエルの各部族は主によって与えられた約束の地に定住することになったのでした。

6. 死を前にしたヨシュアのことば

「わたしは年を重ね、老人となった。あなたたちの神、主があなたたちのために、これらすべての国々に行われたことを、ことごとく、あなたたちは見てきた。あなたたちの神、主は御自らあなたたちのために戦ってくださった。見よ、わたしはヨルダン川から、太陽の沈む大海《おおうみ》に至る全域、すなわち未征服の国々も、既に征服した国々もことごとく、くじによってあなたたち各部族の嗣業の土地として分け与えた。

あなたたちの神、主は、御自ら彼らをあなたたちのために押しのけ、あなたたちのために追い出される。あなたたちの神、主の約束されたとおり、あなたたちは彼らの土地を占領するであろう。

だから右にも左にもそれることなく、モーセの教えの書に書かれていることをことごとく忠実に守りなさい。あなたたちのうちに今なお残っているこれらの国民と交わり、その神々の名を唱えたり、誓ったりしてはならない。それらにひれ伏して拝んではならない。今日までしてきたように、ただあなたたちの神、主を固く信頼せよ」。

（ヨシュア記23・2－8）

「しかし、もしあなたたちが背いて離れ去り、あなたたちのうちに残っているこれらの国民となれ親しんで、婚姻関係を結び、向こうに行ったり、こちらに迎えたりするなら、あなたたちの神、主がもはや、これらの国民を追い払われないことを覚悟しなさい。彼らはあなたたちの罠となり、落とし穴となり、脇腹を打つ鞭、目に突き刺さるとげとなり、あなたたちは、あなたたちの神、主が与えるこのよい土地から滅びうせる」。

（ヨシュア記23・12－13）

7．シケムでの契約

ヨシュアはシケムにイスラエルの主だった人々を呼び集め、エジプト脱出から、これまで主が彼らのために行ってくださった数々の御業をあらためて語り聞かせ、その上で次のように言います。

「あなたたちはだから、主を畏れ、真心を込め真実をもって彼に仕え、あなたたちの先祖が川の向こう側やエジプトで仕えていた神々を除き去って、主に仕えなさい。もし主に仕えたくないというならば、川の向こう側にいたあなたたちの先祖が仕えていた神々でも、あるいは今、あなたたちが住んでいる土地のアモリ人の神々でも、仕えたいと思うものを、今日、自分で選びなさい。ただし、わたしとわたしの家は主に仕えます」。

（ヨシュア記24・14－15）

ヨシュアのこのことばを聞いた民は、

「主を捨てて、ほかの神々に仕えるなど、するはずがありません」

（ヨシュア記24・16）

と答えたのです。これに対して、ヨシュアは次のように念を押します。

「あなたたちは主に仕えることができないであろう。この方は聖なる神であり、熱情の神であって、あなたたちの背きと罪をお赦しにならないからである。もし、あなたたちが主を捨てて外国の神々に仕えるなら、あなたたちを幸せにした後でも、一転して災いを下し、あなたたちを滅ぼし尽くされる」。

（ヨシュア記24・19－20）

ヨシュアのこの言葉の後でも、民は、

「いいえ、わたしたちは主を礼拝します」（ヨシュア記24・21）

と言って、この日、シケムで契約を結んだのでした。

モーセの後を受けて、イスラエルの民をここまで導いてきたヨシュアは、その使命を全うして生涯を閉じたのでした。ヨシュアの死後、ヨシュアとともに、主がイスラエルに行われた御業をことごとく体験した長老たちの存命中、イスラエルは主に仕えたとヨシュア記は締めくくられています。

8．士師たちの活躍

ヨシュア記の最後の部分と士師記の始めの部分は重複しているように思えます。強いて、その意図を考察するなら、ヨシュアの導きによって約束の地に入り、それぞれの部族ごとに割り当てられた土地に住むようになったイスラエルの、その後の歴史を語る士師記は、ヨシュアがそのことを危惧していた通りに経過することを語ろうとしているからだと受け止められます。

ヨシュアが告げたことは、申命記においてモーセが告げていたことであり、それはイスラエルの主である神のことばであったのです。そして士師記に語られている約束の地に定住したイスラエルの民の歴史は、その神の警告のことばの通りに進展していったのです。

士師記２章の始めにも、御使いを通して告げられる主のことばが響いています。

「わたしはあなたたちをエジプトから導き上り、あなたたちの先祖に与えると誓った土地に入らせ、こう告げた。わたしはあなたたちと交わしたわたしの契約を、決して破棄しない。あなたたちもこの土地の住民と契約を結んではならない、住民の祭壇は取り壊さなければならない、と。しかしあなたたちは、わたしの声に聞き従わなかった。なぜこのようなことをしたのか。わたしもこう言わざるをえない。わたしは彼らを追い払って、あなたたちの前から去らせることはしない。彼らはあなたたちと隣り合わせとなり、彼らの神々はあなたたちの罠となろう」。（士師記２・１－３）

士師記に語られる、ヨシュアの死後のイスラエルの歴史はこの主のみことばどおりに進展していくのです。ヨシュアが死んだ後のイスラエルのありさまは次のように語られています。

「その後に、主を知らず、主がイスラエルに行われた御業を知らない別の世代が興った。イスラエルの人々は主の目に悪とされることを行い、バアルに仕えるものとなった。彼らは自分たちをエジプトの地から導き出した先祖の神、主を捨て、他の神々、周囲の国の神々に従い、これにひれ伏して、主を怒らせた。彼らは主を捨てて、バアルとアシュトレトに仕えたので、主はイスラエルに対して怒りに燃え、彼らを略奪者の手に任せて、略奪されるがままにし、周りの敵の手に売り渡された。彼らはもはや、敵に立ち向かうことができなかった。出陣するごとに、主が告げて彼らに誓われたとおり、主の御手が彼

らに立ち向かい、災いをくだされた。彼らは苦境に立たされた」。（士師記2・10－15）

そのような悲惨な状況に陥ったイスラエルの民が、自分たちを圧迫し迫害するものを前にして呻《うめ》き叫ぶ声を聞かれた主は、彼らを憐れに思い、彼らのために士師をお立てになられたと語られています。主は御自分が選びだされた士師によって、イスラエルを苦境から助け出されます。

しかし、民は士師の存命中はその声に聞き従っても、その士師が死ぬと、先祖たちより一層堕落し、他の神々に従い、これに仕え、平伏し、その悪い行いとかたくなな歩みを何一つ断つことはなかったのでした。

このような人々のために、神はイスラエルの民の一つの部族でも、周囲の敵に圧迫され、助けを求めると、それに応えて士師をお立てになられたのでした。士師は敵に苦しめられているイスラエルの部族の中から、主の召しを受けて敵と戦い、彼らの間の裁き手として民を導く使命を受けたのでした。士師記にはそれらの士師の活躍が語られています。

9．士師たちの時代の終焉

士師の存命中は、そのことばに従って主に仕えていたイスラエルの民は、士師が死ぬと主に背いて周囲の国々の神に仕えたことが、繰り返し、判を押したように語られています。そして、このようなイスラエルの歩みは時代が進むにつれて、ますます取り返しのつかないものとなり、ついにサムソンを最後に、士師記の終わりの部分には一人の士師も登場しなくなってしまいます。

こうして、イスラエルは祝福の道をそれ、自ら主の呪いに身を委ねてしまったのでした。指導者を失ったイスラエルは、シケムの契約を忘れたかのように、互いに部族抗争を繰り返し、ついには、地上から滅ぼし尽くされる運命にあったのです。

士師記の最後のページには、ソドムやゴモラを思い起こさせる凄惨な出来事が語られており、主を捨てることによって主に捨てられた民の暗澹《たん》たる末路が、思わず目を覆いたくなるほどに赤裸々に語られています。

士師記の最後の章に語られているイスラエルの民は、荒れ野で死に絶えた彼らの父祖たちのように奈落の淵に立たされているのです。約束の地に入ったイスラエルの民の歴史は、ここで終末を迎えているかのような印象さえ与えます。士師記の読者は暗澹たる思いに包まれて、これを閉じざるを得ないことでしょう。

第12章

王国の黎明期——サムエル記

1．サムエル記に沿って

士師記に続くサムエル記には、暗い時代をくぐり抜けた、イスラエルの歴史の新たな夜明けが語られていきます。その夜明けの光は、シロの聖所にかろうじて灯され続けていた灯火の光の中からもたらされたのです。

サムエル記上1－2章には、サムエル記の前半の主要人物であるサムエルの誕生の物語が語られています。サムエル誕生の物語は創世記のアブラハムに対する約束の子イサクの誕生物語を思い起こさせます。また、サムエル記上2章のサムエルの母ハンナの賛歌はルカ福音書のマリアのマニフィカトの賛歌を思わせます。さらに、サムエルの誕生は、ルカ福音書の洗礼者ヨハネとイエスの誕生物語を連想させます。

サムエルは、イスラエルの最初のメシア、ダビデに油を注いで王とすることになるのです。サムエル記に語られている最後の士師サムエルに与えられた使命は、イスラエルに王を立てることに集約されていくのです。

2．サムエルを呼ばれる神

母親のハンナによって、シロの聖所で主にささげられたサムエルはシロの祭司エリのもとで成長していきます。

ある夜、サムエルの枕元に立たれた主はサムエルをお呼びになりました。創世記12章でアブラハムを呼び出され、神の民イスラエルの始祖とされ、出エジプト記3章でモーセの名を呼ばれて、エジプトからイスラエルの民を救い出す使命を授けられた神は、いま、少年サムエルの名を呼ばれて、イスラエルの民の歴史に新たな救いの御業《みわざ》を始めようとされているのです。成長したサムエルが油を注いでイスラエルの王とするダビデによって、イスラエルの民はメシアをいただく民となるのです。

サムエル記とそれに続く列王記は、ダビデとその子ソロモンに与えられた祝福と、その祝福の下にあったはずのダビデ王朝の堕落の歴史が語られていきます。イエス・キリストはダビデの子孫として、ダビデの子、メシア、イエス・キリストとしてイスラエルのメシア待望を背負って歴史の中に登場することになるのです。

3．神の人サムエル

シロの聖所で主のことばを受けた少年サムエルはやがて成長して、主の預言者として人々に迎えられることになりました。サムエルのことばは一つも地に落ちることがなかったと語られています。つまりサムエルの口を通して語られた主のことばは、ことごとくその通りに実現したのです。

そのようなサムエルが、やがて年を取り老境を迎えたとき、イスラエルの長老たちはサムエルに次のように願い出て、王を立てるように求めたのでした。

「あなたは既に年を取られ、息子たちはあなたの道を歩んでいません。今こそ、ほかのすべての国々のように、我々のために裁きを行う王を立ててください」。（サムエル記上８・５）

この人々の求めはサムエルには悪と思われたので、サムエルが主に祈って、御旨を求めると主は次のように言われます。

「民があなたに言うままに、彼らの声に従うがよい。彼らが退けたのはあなたではない。彼らの上にわたしが王として君臨することを退けているのだ。彼らをエジプトから導き上った日から今日に至るまで、彼らのすることといえば、わたしを捨てて他の神々に仕えることだった。あなたに対しても同じことをしているのだ。今は彼らの声に従いなさい」。（サムエル記上８・７−９）

人々の求めに譲歩した神の決定によって、イスラエルは他の国々のように王をいただく王国となるのです。

４．王サウル

イスラエルの最初の王となったのはサウルです。いなくなった父親のろばを探すためにサウルはサムエルを訪ねてきたのでした。主の照らしを受けたサムエルは、サウルに油を注ぎ、イスラエルの王となる使命を告げたのです。その後、サムエルはミツバに人々を集め、こう告げます。

「イスラエルの神、主は仰せになる。『イスラエルをエジプトから導き上ったのはわたしだ。わたしがあなたたちをエジプトの手から救い出し、あなたを圧迫するすべての王国から救い出した』と。しかし、あなたたちは今日、あらゆる災難や苦難からあなたたちを救われたあなたたちの神を退け、『我らの上に王を立ててください』と主に願っている。よろしい、部族ごと、氏族ごとに主のみ前に出なさい」。

（サムエル記上10・18−19）

くじで主に伺いを立てると、くじはベニヤミン族のキシュの子サウルに当たりました。こうして、この日サウルは公にイスラエルの王として迎えられることになったのでした。アンモン人の王ナハシュと戦って勝利を収めたサウルは

「さあ、ギルガルに行こう。そこで王国を興そう」

（サムエル記上11・14）

というサムエルのことばに従った民によって、正式に王として主の御前に立てられたのでした。

こうして、サムエルが主から受けていた彼の使命は全うされたのです。サムエルが主からいただいていた使命は、それまで民の指導者として王がいないために、それぞれの者が自分の心に適うこと（士師記21・25参

照）を勝手に行ってきたイスラエルの民を一つにまとめ、周囲の国々の中で神の王国とすることにあったのです。

5．王となったサウルとサムエル

サムエルと出会って、主の選びを告げられ、イスラエルの最初の王となったサウルは、始めは小心なほどに純朴な若者でした。主に選ばれた者として、人々の前に立てられることになったとき、彼は荷物の間に隠れていたほどでした。けれども、やがて主の力に強められて周囲の敵との戦いに勝利を収めるようになったとき、サムエルとの間に確執を生むことになります。サムエルは主のことばをサウルに告げます。

「行け。アマレクを討ち、アマレクに属するものは一切、滅ぼし尽くせ」。

（サムエル記上15・3）

アマレクに対するこのような処置は、かつて、イスラエルの民を約束の地に導き入れようとされていた主に反抗して、その道を妨害したからであるといわれています（出エジプト記17・8－15参照）。サウルは出撃して、アマレクを討ちますが、アマレクの王アガグを生け捕りにし、羊や牛の最上のものを惜しんで滅ぼすことはしなかったのです。このようなサウルの行為に対して、主のことばがサムエルに臨みます。

「わたしはサウルを王に立てたことを悔やむ。彼はわたしに背を向け、わたしの命令を果たさない」。

（サムエル記上15・11）

イスラエルの民が約束の地を目指して荒れ野の旅にあったときに、その道を妨げたアマレクの民を滅ぼし尽くすようにとの主の命令を受けて勝利を収めたサウルは、主の命令に背いて、アマレクの王アガグとその肥えた家畜を生かしておいたのです。

6. 王位から退けられるサウル

何故、主のことばに背いてそのようなことをしたのかとサムエルに糾されたサウルは、主にいけにえとしてささげるために取っておいたのだと答えます。それに対してサムエルは宣告します。

「主が喜ばれるのは焼き尽くす献げ物やいけにえであろうか。むしろ、主の御声に聞き従うことではないか。……主の御言葉を退けたあなたは王位から退けられる」。（サムエル記上15・22－23）

それが主のお定めになったことであったからです。こうしてサウルは主によって立てられたイスラエルの王位を失ってしまうのです。その後、

「主はサウルを、イスラエルの上に王として立てたことを悔いられた」（サムエル記上15・35）

とさえ語られています。サムエルはこの後、二度とサウルに会おうとはしなかったが、サウルのことを嘆き

続けたのでした。自分が見出し、油注いでイスラエルの王としたサウルのことを思って、その変節を悲しみ続けたのです。

7．油注がれるダビデ

サウルに主の決定を告げた後、主のことばがサムエルに臨みます（サムエル記上16章）。

「いつまであなたは、サウルのことを嘆くのか。わたしは、イスラエルを治める王位から彼を退けた」。（サムエル記上16・1）

そして、主のことばは次のように続きます。

「あなたをベツレヘムのエッサイのもとに遣わそう。わたしはその息子たちの中に、王となるべき者を見いだした。……わたしがそれと告げる者に油を注ぎなさい」。（サムエル記上16・1、3）

こうして、サムエルをベツレヘムのエッサイのもとに遣わされます。エッサイの七人の息子たちがサムエルの前に連れてこられたのですが、主はサムエルに

「容姿や背の高さに目を向けるな。……人は目に映ることを見るが、主は心によって見る」

（サムエル記上16・7）

と仰せになります。主がエッサイの七人の息子たちをお選びにならなかった後、サムエルはエッサイに尋ねます。「あなたの息子はこれだけですか」。これに対してエッサイは答えたのでした。「末の子が残っていますが、今、羊の番をしています」。その息子がサムエルの前に連れて来られたとき、主のことばがサムエルに臨みます。

「立って彼に油を注ぎなさい」。

（サムエル記上16・12）

こうして、エッサイの息子ダビデは主の油を注がれた者、メシアとされたのでした。その日以来、主の霊が激しくダビデに降るようになったと語られています。メシアとされたダビデの行く手は主の霊に導かれ、開かれていくのです。

他方、主の霊が離れ去り、悪霊に悩まされるようになったサウルは、家臣の進言によって、竪琴の名手として知られていたダビデをそば近くに召し抱えることにします。一人の家臣がサウルに次のように言います。「ベツレヘムの人エッサイの息子は竪琴を巧みに奏でるうえに、勇敢な戦士で、戦術の心得もあり、しかも、言葉に分別があって外見もよく、まさに主がともにおられる人です」。この家臣の言葉に促されてサウルはダビデをそば近くに召し抱えたのです。神からの悪霊がサウルを襲うたびに、ダビデが傍らで竪琴を奏でるとサウルは心が安まって気分が良くなり、悪霊は彼を離れたと語られています（サムエル記上16・18－23参照）。

8．ダビデ、ゴリアテを討つ

サウルはこの時期、ペリシテ人との戦いに明け暮れていました。サウル王はペリシテ軍と対峙《じ》している最中でしたが、ペリシテの陣からゴリアテという巨漢の戦士が出てきて、四十日にわたってイスラエル軍の者たちを愚弄し続け、両軍の勝敗を決するために、自分と戦う勇気のあるものは出てこいと挑発してきたのです。サウル王の陣営からは誰一人として、これに応じる者はいなかったのでした。

この時、父親の命を受けて、サウル王の軍に従軍していた兄たちの安否を確かめるため、少年ダビデはこの現場を訪れ、そのありさまを見たのです。

サウル王のそば近くに呼ばれたダビデは言います。「あの男のことで、だれも気を落としてはなりません。僕《しもべ》が行って、あのペリシテ人と戦いましょう」。

王は何とかダビデを思いとどまらせようとしますが、ダビデは言います。「獅子の手、熊の手からわたしを守ってくださった主は、あのペリシテ人からも、わたしを守ってくださるに違いありません」。これを聞いた王は、「行くがよい。主がお前と共におられるように」と言ってダビデをゴリアテに立ち向かわせることにしたのです（サムエル記上17・32－37参照）。

かのペリシテ人は、自分の神々によってダビデを呪い、「さあ来い。お前の肉を空の鳥や野の獣にくれてやろう」とダビデに近づいてきます。しかし、ダビデは言い返します。「お前は剣や槍や投げ槍でわたしに向かって来るが、わたしはお前が挑戦したイスラエルの戦列の神、万軍の主の名によってお前に立ち向かう」。

こうしてダビデは、石投げひもを使って一撃で相手の額に石をめり込ませ、倒れた相手の剣をもって、その首をはねたのです。これを見たペリシテ軍は戦意を喪失し、敗走するに至ったのです（サムエル記上17・43－51参照）。

勝利を収めたサウルの軍勢を出迎えた女性たちが「サウルは千を討ち、ダビデは万を討った」と踊りながら歌うのを聞いたサウル王は激怒し、ねたみのあまり、ダビデを憎んで亡き者にしようとさえ思うようになります。ダビデに好意を寄せていたサウルの息子ヨナタンは、ダビデのために取り計らい、難を逃れさせようとします。こうして、ダビデはサウルを避けて身を隠すように行動しなければならなくなります（サムエル記上18・7～20・42参照）。

その後もイスラエルとペリシテとの戦いは続き、ギルボア山での戦いで、サウル王は、ついには自らの刃の上に倒れ込んで絶命するに至ったのです。こうして神に選ばれ、油注がれてイスラエルの最初の王となったサウルは、サムエルを通して告げられた主の命に背き、サムエルに見捨てられて、神からも見捨てられて戦死したのでした。

サウル王の死の知らせを受けたダビデはそれまでの王の仕打ちにもかかわらず、主に油注がれたサウルの死を悼んで、哀悼の歌をささげたのでした。この後もサウル王家とダビデとの戦いは続くのですが、ダビデの勢力は増し、サウルの家は次第に衰えていくことになりました（サムエル記下3・1参照）。

9．イスラエルの王ダビデとエルサレム

サムエル記下5章には、この間のことが次のように語られています。

「イスラエルの全部族はヘブロンのダビデのもとに来てこう言った。『ご覧ください。わたしたちはあなたの骨肉です。これまで、サウルがわたしたちの王であったときにも、イスラエルの進退の指揮をとっておられたのはあなたでした。主はあなたに仰せになりました。『わが民イスラエルを牧するのはあなただ。あなたがイスラエルの指導者となる』と」。（サムエル記下５・１－２）

イスラエルの長老たちは全員、ヘブロンのダビデのもとに来て、主の御前で彼と契約を結び、ダビデに油を注いで、イスラエルの王としたのでした。このようにして、ダビデは正式にイスラエルの王とされたのです。ダビデは三十歳で王となり、四十年間、王の位にあったと記されています。彼は七年六ヶ月の間、ヘブロンでユダを、三十三年間、エルサレムでイスラエルとユダの全土を統治したのです（サムエル記下５・４－５参照）。

その後、ダビデはエブス人の町シオンを攻略して、ここに居を定め、王宮を建設します（サムエル記下５・６－11）。ダビデがイスラエルの王となったことを聞いたペリシテ人がダビデのいのちを狙って攻めて来たとき、ダビデは主に伺いを立て、主のことばに従って行動し、ペリシテに対して決定的な勝利を収めることができたのでした。

さらにダビデは、三万に上るイスラエルの精鋭とともに出陣し、それまでペリシテに奪われたままになっていた主の契約の箱を、新しい牛車に乗せてエルサレムに運び上げたのです。こうして、ダビデの町エルサレムは、そこにやがて主の神殿が築かれる全イスラエルの都となったのです（サムエル記下６章参照）。

こうして、エルサレムに迎えられた契約の箱は天幕の中に安置されていました。ダビデ王はそれを心苦しく思い、主のための神殿を建設しようと思うようになりました。そのことを預言者ナタンに打ち明けると、ナタンを通して主のことばがダビデに伝えられます。

「あなたがわたしのために住むべき家を建てようというのか。わたしはイスラエルの子らをエジプトから導き上った日から今日に至るまで、家に住まず、天幕、すなわち幕屋を住みかとして歩んできた。わたしはイスラエルの子らと常に共に歩んできたが、その間、わたしの民イスラエルを牧するようにと命じたイスラエルの部族の一つにでも、なぜわたしのためにレバノン杉の家を建てないのか、と言ったことがあろうか」。

（サムエル記下7・5－7）

このように言われた後で、ナタンを通して、主はダビデに言われます。

「主があなたのために家を興す。あなたが生涯を終え、先祖と共に眠るとき、あなたの身から出る子孫に跡を継がせ、その王国を揺るぎないものとする。この者がわたしの名のために家を建て、わたしは彼の王国の王座をとこしえに堅く据える。わたしは彼の父となり、彼はわたしの子となる」。

（サムエル記下7・11－14）

ダビデに告げられた神のこの祝福のことばは、ダビデに与えられた神の契約、ダビデ契約と呼ばれます。

ダビデの跡を継いでイスラエルの王となったソロモンがエルサレムに神殿を建てることになりますが、ダビデに与えられた契約はそれを超えて、ダビデの子孫にとこしえに与えられた契約となるのです。

マタイ福音書の冒頭のイエス・キリストの系図において、イエスはアブラハムの子、ダビデの子とされています。イエスはダビデの子として、主に油を注がれた者、メシア、救い主であるとの信仰がここに表明されているのです。

公生活が始まったイエスに対して癒《いや》しを求める人々が、「ダビデの子よ、わたしを憐れんでください」と叫ぶ声が福音書のあちらこちらに記されています。この声はまさに、イエスがダビデの子として人々に迎えられていたことを示しているのです。

10．ダビデに見る罪と罰

さて、このように大きな神の恵みのもとにあったダビデ王は、しかし大きな罪を犯してしまいます。ヘト人ウリヤの妻を奪っただけではなく、忠実な家臣であったウリヤを意図的に殺してしまうのです。けれども、預言者ナタンによってその罪を指摘されたダビデは、罪の罰としての大きな苦難を受け入れ、それから身を引こうとはしません（サムエル記下11・1～12・23参照）。息子アブサロムの反逆によって都を追われた時も、泣きながら頭を覆って都を明け渡し、サウル家のシムイという者が呪いの言葉を浴びせかけた時も、それに甘んじたのでした（同15・1～16・14）。

自分が犯した罪を認め、その罰を甘んじて神の御手から受けるダビデの姿には痛々しくも潔いものがあります。そのようなダビデに対して、彼をイスラエルの王とされた主は、その約束を取り消されはしなかったのです。

11．ソロモンと神殿建設

年老いたダビデ王の後継をめぐる宮廷闘争の末、ソロモンが跡を継いで王となります。ソロモンの夢に現れた主はソロモンの願いにこたえて、彼に比類のない知恵とこの上ない祝福を授けてくださったのでした。こうして富と名声を得たソロモンは父ダビデの遺志を継いで、エルサレムに主の神殿を建設します。主はソロモンに語りかけて言われます。

「あなたが建てている神殿について、もしあなたがわたしの掟に従って歩み、わたしの法を実行し、わたしのどの戒めにも従って歩むなら、わたしは父ダビデに告げた約束をあなたに対して果たそう。わたしはイスラエルの人々の中に住み、わが民イスラエルを見捨てることはない」。（列王記上6・11－13）

第13章

イスラエル王国の分裂とバビロン捕囚――列王記

1．ソロモンの治世

主である神の大いなる祝福によって始まったソロモンの治世は、しかし、やがて主の御心から離れたものとなっていきます。列王記上9章には、ソロモンに対する主の顕現とソロモンへの戒めの言葉が記されています。

「もしあなたが、父ダビデが歩んだように、無垢《く》な心で正しくわたしの前を歩み、わたしがあなたに命じたことをことごとく行い、掟《おきて》と法を守るなら、あなたの父ダビデに『イスラエルの王座に着く者が断たれることはない』と約束したとおり、わたしはイスラエルを支配するあなたの王座をとこしえに存続させる」。

（列王記上9・4－5）

しかし、と主は言われます。

「もしあなたたちとその子孫がわたしに背を向けて離れ去り、わたしが授けた戒めと掟を守らず、他の神々のもとに行って仕え、それにひれ伏すなら、わたしは与えた土地からイスラエルを断ち、わたしの名のために聖別した神殿もわたしの前から捨て去る」。（列王記上9・6－7）

この主のことばが示している通り、申命記の祝福か呪いかの選択はダビデ王朝のその後の歴史に受け継がれていくのです。そしてダビデ王朝の歴史は、この主のことば通りに推移していくことが、この後の列王記に記されていくことになります。

2. ソロモンの背信

「あなたたちは彼らの中に入って行ってはならない。彼らをあなたたちの中に入れてはならない。彼らは必ずあなたたちの心を迷わせ、彼らの神々に向かわせる」。（列王記上11・2）

イスラエルの人々に対する主のこのような警告にもかかわらず、ソロモン王は数多くの外国の女性たちをその後宮に迎え入れます。

ソロモンが老境に入ったとき、彼女たちは王の心を迷わせ他の神々に向かわせ、ソロモンの心は父ダビデの心とは異なり、自分の神、主と一つではなかったと記されています。このようになってしまったソロモンに対して一度ならず、主なる神は彼に対して他の神々に従ってはならないと仰せになるのですが、ソロモン王はこの主の警告にも従おうとはしなかったのです。

そのようなソロモン王に対して列王記上11章には、次のような主のことばが記されています。

「あなたがこのようにふるまい、わたしがあなたに授けた契約と掟を守らなかったゆえに、わたしはあなたから王国を裂いて取り上げ、あなたの家臣に渡す。……ただし、王国全部を裂いて取り上げることはしない。わが僕《しもべ》ダビデのゆえに、わたしが選んだ都エルサレムのゆえに、あなたの息子に一つの部族を与える」。

（列王記上11・11－13）

この主のことば通りに、この後のダビデの王国はエルサレムを中心とする南と、ソロモンの家臣であったヤロブアムの支配する北とに分裂することになります。ヤロブアムは有能な人物で、ソロモンは彼を登用し、ヨセフ族、すなわちエフライム族とマナセ族の監督に任じます。

3．預言者アヒヤ

この頃、シロの預言者アヒヤという人物がヤロブアムと出会い、着ていた真新しい外套を十二切れに切り裂き、そのうちの十切れをヤロブアムに与え、このように言います。

「十切れを取るがよい。イスラエルの神、主はこう言われる。『わたしはソロモンの手から王国を裂いて取り上げ、十の部族をあなたに与える。ただ一部族だけは、わが僕ダビデのゆえに、またわたしが全部族の中から選んだ都エルサレムゆえにソロモンのものとする』」。（列王記上11・31－32）

こうして、ソロモンに対する主なる神のことばは実現していくのです。列王記上11章34節以下には、ヤロブアムに対する主なる神のことばが記されています。

「しかし、わたしは彼（ソロモン）の手から王国全部を奪いはしない。わたしの戒めと掟を守った、わたしの選んだ僕ダビデのゆえに、彼（ソロモン）をその生涯にわたって君主としておく。わたしは彼の息子の手から王権を取り上げ、それを十部族と共にあなたに与える。彼の息子には一部族を与え、わたしの名を置くためにわたしが選んだ都エルサレムで、わが僕ダビデのともし火がわたしの前に絶えず燃え続けるようにする」。（列王記上11・34－36）

その上で主はヤロブアムに仰せになります。

「わたしはあなたを選ぶ。自分の望みどおりに支配し、イスラエルの王となれ」。（列王記上11・37）

そして、主はヤロブアムに仰せになります。

「あなたがわたしの戒めにことごとく聞き従い、わたしの道を歩み、わたしの目にかなう正しいことを行い、わが僕ダビデと同じように掟と戒めを守るなら、わたしはあなたと共におり、ダビデのために家を建てたように、あなたのためにも堅固な家を建て、イスラエルをあなたのものとする」。

（列王記上11・38）

こうして、ダビデの家系に属するのではないヤロブアムは、ダビデとその子孫をイスラエルの王とされた主に選ばれて、イスラエルの王にされたのです。アブラハムを選び、御自分の民とされたイスラエルの主である神は、ソロモンの背信によって引き起こされた破局を越えて、今ヤロブアムを通して、イスラエルの民に、あらたな進むべき道を示そうとされるのです。イスラエルの主である神は常に御自分の民と共におられ、彼らの道を開かれる歴史を導く王であり続けられるのです。

4．王国の分裂

やがて、ダビデ王家の直系に当たるソロモン王の息子レハブアムがシケムに人々を招集し、イスラエル全土の王を選ぶことになります。ヤロブアムにも使いの者が送られ、彼もシケムに来たのでした。そして、こう言ったのでした。

「『あなたの父上はわたしたちに苛酷な軛《くびき》を負わせました。今、あなたの父上がわたしたちに課した苛酷な労働、重い軛を軽くしてください。そうすれば、わたしたちはあなたにお仕えいたします』。……レハブアム王は、存命中の父ソロモンに仕えていた長老たちに相談した。『この民にどう答えたらよいと思うか』。彼らは答えた。『もしあなたが今日この民の僕《しもべ》となり、彼らに仕えてその求めに応じ、優しい言葉をかけるなら、彼らはいつまでもあなたに仕えるはずです』。しかし、彼はこの長老たちの勧めを捨て、自分と共に育ち、自分に仕えている若者たちに相談した」（列王記上12・4－8）。

人々がソロモン王によって課せられていた重い軛を軽減するよう求めたのに対し、レハブアム王は、ソロモン王の重臣たちの進言に従わず、同世代の者たちの言葉に従って、父よりも更に重い負担を負わせると放言したのです。これに対して、イスラエルの人々は、「ダビデの家に我々の受け継ぐ分が少しでもあろうか。エッサイの子と共にする嗣業《しぎょう》はない」（列王記上12・16）と言って、レハブアムを見限ってしまったのです。こうして、ダビデの王国は分裂することになります。イスラエルの人々はヤロブアムを自分たちの王として立てたと記されています。ユダ族の者の他には、ダビデの家に従う者はいなくなってしまったのです。

5. ヤロブアムの背信

イスラエルの人々によって王として迎えられたヤロブアムは、祭りの度ごとに人々がエルサレム神殿に行って、主にいけにえをささげるのを見て、このままにしておくと、人々はレハブアムのもとに戻ってしまうことを恐れ、対策として金の子牛を二体造って、一体を北の辺境の地ダンに、もう一体をベテルに据えて人々に言います。

「あなたたちはもはやエルサレムに上る必要はない。見よ、イスラエルよ、これがあなたをエジプトから導き上ったあなたの神である」（列王記上12・28）と宣言したのです。出エジプト32章に語られている、人々の求めに応じて若い雄牛の像を造ったアロンのことばが想い出されます。あの時アロンは、「イスラエルよ、これこそあなたをエジプトの国から導き上ったあなたの神々だ」（出エジプト記32・4）と言ったのでした。こうして、かつてアロンが、

「あなたはいかなる像も造ってはならない。……あなたはそれらに向かってひれ伏したり、それらに仕えたりしてはならない」（出エジプト記20・4－5）

と命じられた主なる神の戒めに背いたように、今やヤロブアムも主なる神に背き、その祝福の約束から自ら離れ去ってしまったのです。

ヤロブアムはさらに、聖なる高台に神殿を設け、レビ人ではない者たちを祭司とし、勝手に定めた祭日に自分自身も祭壇に上って香をたいたと記されています。ヤロブアムのこのような一連の罪の最後に、「ここにヤロブアムの家の罪があり、その家は地の面から滅ぼし去られることになった」（列王記上13・34）と記されています。自らの思惑に従って行動し、イスラエルの主である神の定めに背いてしまったヤロブアムの家は、主から見捨てられて、滅びへの道をころげ落ちてしまったのです。

こうして北王国では、神によって建てられた指導者を失い、その時々の力ある武将たちの下に目まぐるしく王朝が交代していくことになります。そこには、イスラエルの真の王である主なる神の力ある導きは、もはや見出せなくなってしまったかのようです。

6. 預言者エリヤとエリシャの登場

けれども、そのような歴史の中に、イスラエルの主なる神は伝説的とも思える預言者エリヤと、その後継者に選ばれるエリシャを立てられます（列王記上17～19章）。

エリヤは彼の時代、たった一人残った主の真の預言者として、異教の預言者との孤独な戦いに生涯をささげ、ついには火の馬に引かれた火の戦車に乗って天に上げられたと語られています（列王記下2・11）。そして、そのように天に昇っていったエリヤは、終わりの時に再び天から降って神の裁きを実現すると信じられるようになったのです。

旧約聖書の集会の書（シラ書）の48章には、エリヤ賛歌ともいえるようなことばが記されています。「そして火のような預言者エリヤが登場した。彼の言葉は松明のように燃えていた。……あなたは火の旋風に包まれ、火の馬の引く車に乗せられ天に上げられた。あなたは書き記されているとおり、定められた時に備える者。神の怒りが激しくなる前に、これを静め、父の心を子に向けさせ、ヤコブの諸部族を立て直す者」（シラ48・1－10）。

ここでは、「父の心を子に向けさせ、ヤコブの諸部族を立て直す者」と述べられています。バアルやアシュトレトといった異教の神々と、その預言者との戦いに費やされたエリヤの生涯は、旧約の神の父祖伝来の神の民の主なる神への信仰を貫き、それによって神の民としてのイスラエルの民の結束を再構築するための戦いであったのです。

ここまで、北王国のイスラエルのたどった歴史を見てきましたが、列王記には並行して南のユダ王国の王たちの歴史が語られています。ユダの歴代の王たちに対する評価は、申命記に記されている主の掟に対しての忠実さの一点に集中しています。

「列王記」にある歴代の王たちの生涯の終わりを記す記事の末尾に、「○○の行ったほかの事績は、『イスラエルの王の歴代誌』、あるいは『ユダの王の歴代誌』に記されている」というように、ひとえにこれらの王たちが、申命記の掟に従ったか否かによって評価されていることがわかります。

南のユダ王国の歴史は、北王国のイスラエルのそれに比べて、淡々と事実を書き連ねているような印象を与えます。そして、その歴史は最後のユダの王ゼデキヤが、バビロンの王ネブカドネツァルによって捕らえられ、バビロンに捕囚として引いて行かれ、その後のゼデキヤの消息は語られていません。その後、バビロン王の親衛隊の長がエルサレムや王宮、主だった家屋に火をかけてすべて焼き払ったと語られています。

更に、エルサレムの城壁はすべて取り壊され、都に残っていた民の多くは捕囚となってバビロンに連れ去られて行ったと記されています（列王記下25・8－21）。

7．捕囚となった人々

こうして神がダビデ・ソロモンの手によって地上の御自分の住まいとされたエルサレムの神殿は消滅し、神の都エルサレムは廃墟と化してしまったのです。

バビロンの地で捕囚となった人々は、過酷な生活の中でも祖国への帰還の日を夢見、エルサレムの城壁の再建と神殿の再興を求めて祈り続けたのです。

列王記下の終わりには、ヨヤキン王が捕囚の身から解放され、バビロン王から厚遇を受け、バビロン王の食卓に連なっていたことが語られています（列王記下25・27－30）。こうして、捕囚の地に生きる神の民の上に、主である神の慈しみの眼は注がれ続けるのです。

　捕囚の地に生きる御自分の民に、主である神はイザヤ・エレミヤ・エゼキエルといった偉大な預言者たちを起こされ、彼らのことばを通して、御自分の民の行く手を照らし出してくださるのです。神の御旨は、この世の歴史がそこに生きる人間の手によって、いかにねじ曲げられようとも、時間がかかっても、必ず実現していくのです。

　はるか昔の預言者たちのことばは、新約のイエス・キリストにおいて実現しているというのが、キリスト教の信仰の中心です。こうして、旧約と新約は一つながりの神の書として、人類の歴史を導かれた創造主である神の救いの歴史を語っているのです。

第14章

新約へと続く旧約聖書からの信仰

1．シナイ契約とキリスト教の信仰

今回からは、キリスト教の教会に伝えられている、キリスト教の信仰の世界に固有のイエス・キリストを信じる信仰について見ていくことにいたします。

キリスト教の「使徒信条」第二項では、「わたしたちの主イエス・キリストを信じます」と表明されています。これがキリスト教に固有のイエス・キリストに対する信仰です。ナザレのイエスを、わたしたちの主と宣言するキリスト教の信仰は、旧約聖書の出エジプト記に記されている「シナイ契約」に由来しています(出エジプト記19章以下参照)。そこにおいて、イスラエルの人々をエジプトから導き出された神は、彼らの主となられ、イスラエルの人々は主である神の宝の民、祭司の王国となったのでした。

ここでは「使徒信条」と「ニケア・コンスタンチノープル信条」の信仰宣言をあらためて見ていくことにしましょう。

天地の創造主、全能の父である神を信じます。父のひとり子、わたしたちの主イエス・キリストを信じます。主は聖霊によってやどり、おとめマリアから生まれ、ポンティオ・ピラトのもとで苦しみを受け、十字架につけられて死に、葬られ、陰府《よみ》に下り、三日目に死者のうちから復活し、天に昇って、全能の父である神の右の座に着き、生者《せいしゃ》と死者を裁くために来られます。

（「使徒信条」）

ここにキリスト教において信じられているイエス・キリストという方の全体像が示されています。キリスト教の信仰を生きる人々は、自分たちのこの世における人生が、ここに示されている主イエス・キリストのもとにあると受け止めて生きているのです。

2. 創造主と神の民

「ニケア・コンスタンチノープル信条」においては、使徒信条の信仰宣言の内容が、もう少し詳しく表明されています。

「わたしは信じます。唯一の主イエス・キリストを」と、信仰表明をしている「わたし」とは、イエス・キリストを唯一の主と信じている一人ひとりの「わたし」であると同時に、イエス・キリストを唯一の主と信じている者たちの信仰共同体全体の「わたし」です。このことが一番はっきりと表明されるのは、信仰共同体である教会の祭儀の場においてです。そこで、この祭儀にあずかっているわたしたちは、一つの神の民となって、「わたし」としての信仰を告白しているのです。

主は神のひとり子、すべてに先立って父より生まれ、神よりの神、光よりの光、まことの神よりのまことの神、造られることなく生まれ、父と一体。すべては主によって造られました。

（「ニケア・コンスタンチノープル信条」）

すべてのものの創造主である神の被造物としてではなく、生命そのものの創造主である父なる神との特別な関係において、わたしたちの主イエス・キリストは、すべてのものの創造以前、つまり父なる神の永遠のいのちと一体の在り方として、父なる神から生まれたお方であると表明されています。

さらに、創造主である父なる神と一体である主イエス・キリストは、父なる神がそうであられるようにすべてのものの創造主でもあるのです。被造物の一員であるわたしたち人間は、創造主と一体であられる神、イエス・キリストによって命を与えられたものたちとして、この世界に存在しているのです。さらに信条は続きます。

3. 罪と救い

主は、わたしたち人類のため、わたしたちの救いのために天からくだり、聖霊によって、おとめマリアよりからだを受け、人となられました。

（「ニケア・コンスタンチノープル信条」）

ここには、いわゆる主キリストの「受肉の神秘」が告げられています。神のひとり子である主が、天から、すなわち天におられる神のもとから降《くだ》ったのは、わたしたち人類の救いのためであると表明されています。神の被造物であるわたしたちは神による救いを必要としているのです。

なぜ、わたしたち人類は、神の救いを必要としているかといえば、神の被造物であるわたしたちが、創造主である神を無視して生きているからです。これが罪ということです。創造主である神からのいのちの恵みをいただきながら、そのいのちを自分の好き勝手に生きているわたしたちがいるのです。

いのちの与え主である神への感謝を忘れ、自分たちが造り出したいのちのありように、互いに耐えきれなくなっているわたしたちは、いのちそのものの恵みとしての価値を、もはや見いだせなくなっているからです。

このようなわたしたち人類すべてのために、いのちの創造主である神のみもとから降って来られた、いのちそのものである主キリストは、わたしたちが生きているこの世界に、一人の人間として来てくださったのです。それは、この罪の世に生きているわたしたちすべての者を、創造主からの恵みとしての本来のいのちのありように、呼び戻してくださるためだったのです。こうして「受肉の神秘」と「救いの神秘」は、創造主である父なる神から、イエス・キリストが託されている唯一の使命であることが示されているのです。

4. 聖霊とマリア

もう少しニケア・コンスタンチノープル信条の先の方を見ておくことにしましょう。

主はわたしたち人類のために天からくだり、聖霊によって、おとめマリアよりからだを受け、人となられました。

（「ニケア・コンスタンチノープル信条」）

キリスト教の信仰において聖霊とは、創造主である神の意志を、この被造物の世界に示し、実現していく神のいのちそのものである息吹です。その息吹を吹き込まれることによって、人は生きる者となったと、旧約聖書の創世記（2・7参照）には語られていました。神の息吹である聖霊は、不可能を可能とする創造主である神の力です。その聖霊が今やナザレの一人のおとめマリアを覆い、人となられた神の子の母となられたと語られています。

それればかりでなく、人となられた神のひとり子イエス・キリストの母となられたおとめマリアを、エフェソス公会議（四三一年）は「神の母（テオトコス）」とまで呼んでいます。ここにカトリック教会に伝えられてきた聖母マリアに対する崇敬の根拠があります。聖母マリアに対するカトリック信者たちの想いは、イエス・キリストの受肉の神秘と不即不離の関係にあるのです。

聖霊については、後でもう少し詳しく見ることにいたしましょう。

5．「福音」の意味

ここからは、「信仰宣言」に表明されているキリスト教の信仰が、どのように生まれたかということを見ていくことにしましょう。

まず取り上げるのは、新約聖書のルカ福音書の冒頭（1・1）の献呈の説明部分です。「わたしたちの間で実現した事柄について、最初から目撃して御言葉のために働いた人々」がいたことが述べられています。この後の他の福音書の記述も合わせて見ていくと、この箇所はイエスに呼び出されて、その御跡に従うようになったイエスの最初の弟子となった人々であることが分かります。

彼らは、イエスによって遣わされた「使徒」として、イエスに従って見聞きしたことを「福音」として宣べ伝えていったのです。福音とは、イエスの使徒たちがイエスのおそば近くで見聞きした、イエスの行いであり、イエスの語られる言葉です。それが「福音」と呼ばれるのは、神から遣わされた彼らの師であるイエス・キリストが、父なる神のもとからもたらされた喜びのメッセージだからです。その内容がどのようなものであるのかということが、福音書全体を通して書き記されているのです。

そして、そのイエス・キリストがもたらされた父なる神からのメッセージを、福音書を通して受け取り続けるということが、洗礼によって受け入れたキリスト者として信仰をより確かなものとする拠り所となるからです。こうして、ルカによって献呈されたテオフィロにとっての、そして彼の仲間となったその後のキリスト者たちにとっての信仰は、福音書に託され記されて、その都度より深く味わい受け止めることによって、より確固としたものとされていくのです。

以上が、ルカ福音書冒頭の献呈の辞の大まかな内容です。お手元の福音書を手に取ってもう一度ゆっくりと味わってみることをお勧めいたします。

6. マルコ福音書の役割

次に、マルコ福音書の冒頭の部分も読んでみることにいたしましょう。

神の子イエス・キリストの福音の初め。（マルコ１・１）

このように始まっています。聖書の専門家の意見によると、新約聖書に収められている四つの福音書は、それぞれ異なる時と場所、最初の頃のキリスト者たちの信仰共同体の中で成立した書物であるというように考えられています。従って、最初の頃の四つの福音書は、それぞれ独立した書物として、マルコ福音書はマルコ福音書として読まれていたと想定されているようです。

そうだとすると、いきなりマルコ福音書を手にとって、それを選んだ人には、初めからチンプンカンプンの謎に満ちた書物と思われてしまったことでしょう。

そのような初めての人が、それでも辛抱強くこの書物を読み続けることができたとすれば、その人はこの書物を、彼が出会った信仰共同体の中で「福音書」として読み続ける習慣を会得することができたからだと思われます。つまり、その人は、彼が出会った信仰共同体の祭儀の中で、この書物を「福音書」として聞き続けたと考えられるのです。

現在のカトリック信者も主日のミサの中で、この書物に書き記されていることばを、「福音のみことば」として受け止めているわけです。

さて、ここには「神の子」、「イエス・キリストの福音の初め」という言葉が並んでいます。そこで、マルコ福音書の始めにある、この四つの言葉を見ていくことにしましょう。先ず、「イエス・キリスト」と言われていますが、「イエス・キリスト」ということばは、呼び名であると同時に、「イエスはキリストである」

という最も端的なイエス・キリストに対する信仰告白にもなっているのです。

7．マタイ福音書と「ダビデの子」

旧約聖書のサムエル記上16章を見ると、サムエルによって油を注がれたエッサイの末の息子ダビデの上に、「その日以来、主の霊が激しくダビデに降るようになった」（13節）とあります。

こうしてダビデは「油注がれた者」、「メシア」とされたのです。彼の行く手は、神の霊・聖霊に導かれ、ダビデは神の民の上に君臨する王となったのです。つまり、「油注がれた者・メシア」という名称は、「王」と同義語になったのです。

主である神選びを受けて、神の民の王となったダビデに対して、さらに次のような約束が与えられます。

「あなたの家、あなたの王国は、あなたの行く手にとこしえに続き、あなたの王座はとこしえに堅く据えられる」。（サムエル記下７・16）

新約聖書のマタイ福音書の冒頭（1・1）を飾るイエス・キリストの系図には、「アブラハムの子ダビデの子、イエス・キリストの系図」とあります。この系図が意味することは、イエス・キリストは、旧約の神の民の始祖であるアブラハムに対する主なる神の約束、そしてまた旧約のイスラエルの王として建てられたダビデの家に対する約束の実現としての、新約の神の民の王・メシアであるとの信仰を表明しているのです。

福音書のところどころには、イエスに聴きとどけてもらいたい願いを持ってイエスに近づく人たちが登場します。イエスは彼らの願いを受け入れて、「あなたの信仰があなたを救った」と言われて、御自分が、その人々が信じていた通りのダビデの子としての救い主であることを表明しておられます。

8. 創世記とマルコ福音書の「鳩」

再び、マルコ福音書の冒頭の言葉に戻ると、そこでは「神の子イエス・キリストの福音の初め」と語り始められていました。

イエスが神の子であることは、この冒頭のことばに続く、イエスの洗礼の場面で明らかにされています。

(洗礼を受けられたイエスが) 水の中から上がるとすぐ、天が裂けて、〝霊〟が鳩のように御自分に降って来るのを、御覧になった。すると、「あなたはわたしの愛する子、わたしの心に適う者」という声が、天から聞こえた。 (マルコ1・10－11)

天からの声は言うまでもなく、天におられる神の御声です。神から遣わされた洗礼者の証しのことばが、ここでは洗礼者をお遣わしになった御父のみことばによって確認されているのです。

このみことばに先立って語られているイエスが、洗礼を受けて水から上がられているという部分は、旧約聖書のノアの洪水の物語 (創世記6－9章) を想い出させます。「天が裂けて」とは、洪水によって滅ぼし尽くされた初めの創造の世界に対する神の裁きを意味していると捉えることができます。

創造主である神によって造られた世界を、神がなぜ洪水をもって滅ぼし尽くされたのかといえば、それまでの人類の罪が、神が創造された世界を罪によって回復不可能なまでに汚し尽くしたからです。

人間たちの罪によって、そのような姿になってしまったこの世界を、創造主である神は悲しみのあまり一旦は滅ぼし尽くそうとされるのです。しかし、この世界の創造主である神は、すぐにそのことを悔いて、その破滅の中からこの世界を新たに創造し直そうとされて、ノアに洪水から逃れるために箱舟を造るようにお命じになるのです。

神のお命じになることに、どこまでも忠実なノアは、用心深く箱舟の小窓から何回か鳥を放ち、その最後に鳩がくちばしにオリーブの小枝をくわえて戻ってきたのを見て、創造主である神の罰としての洪水が引いたことを知ったのです（創世記8・11参照）。

マルコ福音書に語られている聖霊の印としての鳩は、このように旧約のノアの物語を下敷きとしているのです。福音書を最後まで読み通すと、人類の罪をその身に一身に背負って十字架の上で与え尽くされたイエスは、神の裁きとしての死に打ち勝たれて、新たな神のいのちへと人類を導き出すために、神のみが与えることのおできになる、復活の新たないのちへと人類を導き出されたのです。

このように見てくると、新約の神の民の復活されたいのちの主イエス・キリストに対する信仰は、旧約のノアの物語を背景にしていることが分かるのではないかと思われます。旧約聖書と新約聖書の関連箇所を黙想することによって、この世界の歴史を導かれる神の計り知れない愛の導きを味わうことができるのです。

第15章 旧約の十二部族と新約の十二使徒

1．イエスの活動開始

今回は、イエスの公の活動が開始されるありさまを語る、福音書の箇所を見ていくことにしましょう。

マルコ福音書1章14節を見ると、「ヨハネが捕らえられた後、イエスはガリラヤへ行き、神の福音を宣べ伝えて、『時は満ち、神の国は近づいた。悔い改めて福音を信じなさい』と言われた」とあります。

「神の国は近づいた」とは、イエス・キリストの公の活動が開始されたことによって、その父である、この世界とその中に生きるすべてのものの創造主である神の意志が、この世界の中に、イエス・キリストの働きによって新たに開始されるということです。

それは、神がその御子イエス・キリストをこの世界に派遣することによって、神がこの世界の中で実現しようとしておられることが、神の子の活動によって開始されたということです。

そして、神が御子イエス・キリストを通して実現しようとしておられることとは、万物の創造主である神の、この世界の創造主としての本来の主権が回復されるということです。神の似姿として創造された人間が、自らの恣意によって簒奪《さんだつ》してしまった神の主権が回復されるということなのです。

2．イエス御自身の祈り

キリスト者であるわたしたちは、朝に夕に主キリストが教えてくださった「主の祈り」を唱えています（第1章参照）。この祈りにおいて、創造主である神の被造物であるわたしたちが、父である神に願うべきことのすべては尽くされていると、主キリストは教えてくださっているのです。

「主の祈り」はイエスが弟子たちに、そして弟子たちを通して、わたしたちに教えてくださった祈りである以前に、イエス御自身の祈りです。主イエス・キリストは、十字架の死に至るその御生涯の日々を、このような祈りに導かれた日々として、生き抜かれたのです。それは、どこまでも、創造主としての神の主権の下に生きる御生涯であったのです。

「わが神よ、わが神よ、なぜわたしをお見捨てになったのですか」と悲痛な叫びの中に、十字架上でこの世の生を終えられたキリストは、それにもかかわらず、最後には「わが魂を御手に委ねます」と、いのちの主である父なる神への絶対的な信頼のうちに、この世の御生涯を終えられたのです（ルカ23・46）。

十字架の死においても、ゆらぐことのなかった、わたしたちの主イエス・キリストの最後の叫びは、イエスの父である神のみもとに届き、すべてのいのちの源であるイエスが父とお呼びした神は、墓に葬られたイエスを、御自分のいのちそのものである復活のいのちへと立ち上がらせてくださったのです。

3．神の主権による輝き

このようにして、わたしたちの主イエス・キリストは、十字架の死に至る、その生涯全体を通して、父なる神の真実の姿をこの世界に示してくださったのです。この世に生ある者たちが絶対的に避けることのできない死の闇を打ち開いて、いのちの光へと導き出すことがおできになるすべてのいのちの創造主である神の主権を、この闇の世界に輝かせてくださったのです。

「光あれ」とのみことばをもって、この人の世を創造された神は、御自分の創造の意志として、被造物の世界が、原初の光に包まれた世界を望まれて、この世界を創造されたのです。

けれども、わたしたちが住んでいるこの世界は、光の消えた闇の世界のように、わたしたちには感じられます。どちらに向かって歩みを進めたらよいのか分からない迷いの中で、わたしたちは自分の進路の行く手に悩むことが多々あるのではないでしょうか。

闇の中から不意に襲ってくる、えたいの知れぬ恐怖に打ちのめされる経験をすることも多いのではないでしょうか。自分の人生の行く手が闇に覆われているように感じられ、絶望することもあるのではないでしょうか。そして、死の闇の向こうには、何もないと感じてしまう虚無感に支配されているわたしたちがいるのではないでしょうか。

そんなわたしたちの中に「光よりの光」として来てくださった主イエス・キリストは、わたしたちの行く手を照らす希望の松明を掲げ、その光が燃え広がることを望んでおられるのです。

イエスが掲げられた希望の光に魅かれて、大勢の人々がイエスのもとに集まってきたことが福音書には語られています。これらの人々がイエスの最初の弟子となったのです。

4. 旧約から続く十二使徒の意味

マルコ福音書の3章13節から次のようなことが語られていきます。

イエスが山に登って、これと思う人々を呼び寄せられると、彼らはそばに集まって来た。そこで、十二人を任命し、使徒と名付けられた。彼らを自分のそばに置くため、また、派遣して宣教させ、悪霊を追い出す権能を持たせるためであった。（マルコ3・13－15）

こうして、主イエスが神から遣わされて、この世界の中で行われている御業《みわざ》に、イエスによって任命された十二人の使徒たちも協力していくことになったのです。

使徒たちが行う業《わざ》は、彼ら自身の力によるものではなく、彼らを任命されたイエスによるものであり、イエスが彼らに授けてくださった権能によるものであったのです。これに続いて、イエスによって任命された十二人の名前がリストアップされています。

ここに名前が挙げられている十二人の人たちが、どのような働きをして、イエスの協力者となっていったかということは、少数の例外的な箇所を除くと、ほとんど聖書には語られていません。これらの人々が、主イエスによって、その活動の始めから十二人の使徒団として選ばれたということが重要なのです。

十二人の使徒たちの選びについては、マタイ福音書十章にも語られています。そこでは十二人の弟子たちの選出が語られる前に、イエスの次のようなみことばが響いています。

（イエスは）群衆が飼い主のいない羊のように弱り果て、打ちひしがれているのを見て、深く憐れまれた。そこで、弟子たちに言われた。「収穫は多いが、働き手が少ない。だから、収穫のために働き手を送ってくださるように、収穫の主に願いなさい。

（マタイ9・36－38）

ここで言われている収穫とは、人々をイエスが宣べ伝えている神の国へ招き入れる働きのことです。その働きに協力するようにと、イエスは呼びかけられておられるのです。収穫の畑に人を送ってくださるのは、収穫の畑の主である父なる神です。そのお方に願い求めなさいとイエスは呼びかけておられるのです。そして、このような呼びかけのすぐ後に、十二人の弟子たちの使徒職への任命が語られているのです。このようにして、彼らは主イエスの神の国へ人々を招き入れる宣教活動の協力者となったのでした。十二人の弟子たちの選びについては、ルカ福音書6章にも語られています。

そのころ、イエスは祈るために山に行き、神に祈って夜を明かされた。朝になると弟子たちを呼び集め、その中から十二人を選んで使徒と名付けられた。

（ルカ6・12－13）

ここには、十二人の弟子たちの選びは、イエスの祈りのうちに示された父なる神の意志であることが表明されています。

5. 神の約束とイスラエルの十二部族

イエスのおそば近くに召し出された弟子たちの十二という人数は、直ちに旧約の神の民、イスラエルの十二部族を思い浮かばせます。イスラエルの民の十二部族の祖は、ヤコブの息子たちです。創世記35章9節以下を見ると、次のように語られています。

「あなたの名はヤコブである。しかし、あなたの名はもはやヤコブと呼ばれない。イスラエルがあなたの名となる」。（創世記35・10）

「わたしは全能の神である。産めよ、増えよ。あなたから一つの国民、いや多くの国民の群れが起こり、あなたの腰から王たちが出る。わたしは、アブラハムとイサクに与えた土地をあなたに与える。また、あなたに続く子孫にこの土地を与える」。（創世記35・11－12）

この歴史の主である神のイスラエルに対する約束は、遠く時代を超えて、彼らがモーセに率いられて荒野の旅を終えて、モーセの後継者ヨシュアに導かれて、ヨルダン川を渡り、約束の地に入ることによって実現します。

主の僕モーセの死後、主はモーセの従者、ヌンの子ヨシュアに言われた。「わたしの僕《しもべ》モーセは死んだ。今、あなたはこの民すべてと共に立ってヨルダン川を渡り、わたしがイスラエルの人々に与えようとしている土地に行きなさい。モーセに告げたとおり、わたしはあなたたちの足の裏が踏む所をすべてあなたたちに与える。荒れ野からレバノン山を越え、あの大河ユーフラテスまで、ヘト人の全地を含み、太陽の沈む大海に至るまでが、あなたたちの領土となる」。

（ヨシュア記1・1－4）

ヨシュアは、神の加護によって獲得した土地を、イスラエルの民の十二部族に分配することになります。こうして、神の約束の地は、その約束の受領者であるイスラエルの民の国土となったのです。

これ以降のイスラエルの民の歴史は、この国土の中で繰り広げられるのです。ダビデも預言者たちも、そして新約の神の民となった主イエス・キリストから始まるイエスの弟子たちの最初の歴史も、この神がお与えになられた土地から始まっていくのです。

6．新しい契約の民として

ここでもう一度イエスとその弟子たちから始まった、新約の神の民の歴史について見ていくことにしましょう。その歴史は、死者の中から復活されて弟子たちの元に戻って来られた主イエス・キリストから始まっています。

「わたしの記念としてこのように行いなさい」

（ルカ22・19）

という主イエスのみことばに基づいて、カトリックの教会では、今日でも、イエスが弟子たちと囲んだ最後の晩餐の記念としてのミサがささげられています。

「皆、これを取って食べなさい。これはあなたがたのために渡される、わたしのからだである」

との、パンの形でのキリストの聖体のいけにえの聖変化の後で、司祭はブドウ酒の杯を掲げて次のように唱えます。

「皆、これを受けて飲みなさい。これはわたしの血の杯、あなたがたと多くの人のために流されて、罪のゆるしとなる、新しい永遠の契約の血である。これをわたしの記念として行いなさい」。

十字架に架けられた主が、最後の一滴までも流し尽くされた御血《おんち》は、わたしたちの罪のゆるしのためだったのです。そのゆるしが実現するためには、父なる神の一方的な、その最愛の御子さえも惜しまない、愛の自己譲渡が必要だったのです。ここに、神の家を見捨てて、迷い出た放蕩息子のようなわたしたちに与えられている限りない愛が示されているのです。

このようにして、わたしたちすべての者の真の父である神と、神の小羊として、どこまでも御父のみ旨に従い通されたわたしたちの主イエス・キリストは、神とわたしたちの間の「新しい契約」を完成させられたのです。この契約にあずかるわたしたちは、新約の新しい神の民とされて、世の終わりまで主イエス・キリストの十字架によってもたらされている、わたしたちすべてのものに及ぶ神の愛を告げ知らせていくのです。

7.「新しい天と新しい地」

新約聖書の最後を飾る『黙示録』の最終部分を見ると、次のようなことばが告げられています。

わたしはまた、新しい天と新しい地を見た。最初の天と地は去って行き、もはや海もなくなった。更にわたしは、聖なる都、新しいエルサレムが、夫のために着飾った花嫁のように用意を整えて、神のもとを離れ、天から下って来るのを見た。（黙示録21・1－2）

都には、高い大きな城壁と十二の門があり、それらの門には十二人の天使がいて、名が刻みつけてあった。イスラエルの子らの十二部族の名であった。（黙示録21・12）

都の城壁には十二の土台があって、それには小羊の十二使徒の十二の名が刻みつけてあった。（黙示録21・14）

こうして、聖書の最終部において、旧約の神の民の十二部族と新約の神の民の十二使徒が、神の示しにおいて、一つながりの神の民の歴史として語られているのです。歴史を導かれる創造主である神とその父なる神の子イエス・キリストによって実現されている「救いの歴史」が聖書全体を通して示されているのです。

第16章 聖霊である神

1. 復活の主の息吹を受けて

ここからは、キリスト教の教会に伝えられている聖霊に対する信仰の内容を見ていくことにします。さらに、その信仰が、現代社会に生きているわたしたちにとって信仰世界へのエクソダスの鍵となることを述べて、本書全体のまとめとしようと考えております。

「あなたがたに平和」。（ルカ24・36参照）

十字架の死を超えて復活され、弟子たちのもとに戻って来られたキリストは、このように呼びかけてくださいます。弟子たちへのこのような挨拶は、ユダヤの人々の「シャローム」という日常的な挨拶の言葉です。御自分を十字架の上に見捨てて、イエスの弟子であることを否定し、イエスとの絆を放棄して、人々を恐れ、戸口に鍵をかけて閉じこもっていた弟子たちのもとに来てくださった主は、何事もなかったかのように、このように呼びかけてくださるのです。弟子たちは主を見て喜んだと語られています。けれども、弟子たちの喜びが真の喜びとなるためには、さらにそれ以上のことが必要だったのです。

ヨハネ福音書20章21節からの箇所を見ると、次のように語られています。

イエスは重ねて言われた。「あなたがたに平和があるように。父がわたしをお遣わしになったように、わたしもあなたがたを遣わす」。そう言ってから、彼らに息を吹きかけて言われた。「聖霊を受けなさい。だれの罪でも、あなたがたが赦せば、その罪は赦される。だれの罪でも、あなたがたが赦さなければ、赦されないまま残る」。（ヨハネ20・21－23）

2. 罪を赦す権能

罪のゆるしを語るこのみことばは、マルコ福音書2章7節以下に語られているイエスのみことばを思い出させます。

中風の病に侵されて自分からは何一つできないでいる人が、四人の人に床ごと担がれて、御自分の前に吊り降ろされてくるのをご覧になったイエスは、その人に向かって、あなたの罪はゆるされると言われ、そのしるしとして、その人が横たえられていた担架を担いで家に帰るように言われたのでした。そして、事実その通りになったのを目にした人々は、「このようなことは今まで見たことがない」と言って、神を賛美した（マルコ2・12参照）と語られています。

イエスが行われた、このような御業《みわざ》は人の子である主イエスが地上で罪をゆるす権能を持っておられることの目に見えるしるしであったのです。

そして主キリストは、御自分が持っておられるその権能を与えるために、今や弟子達に息を吹きかけながら言われるのです。

「聖霊を受けなさい。だれの罪でも、あなたがたが赦せばその罪は赦される」。（ヨハネ20・22－23）

けれども、イエスの十字架の道行きに従ってきた弟子たちは、彼らの歩みの最後の最後の場面で、「お前もあの男の弟子の一人ではないのか」（ヨハネ18・25）と問われた時、そんな人は知らないと、自分たちをそのおそば近くに召し出してくださった主との絆を、自ら放棄してしまったのです。

そのような、悔やんでも悔やみきれない挫折の経験を引きずっている弟子たちの中に、彼らの師である主キリストは、その復活のいのちの息吹、聖霊を吹き込んでくださり、彼らを再びイエスの弟子、キリストの使徒として立ち上がらせてくださるのです。聖霊は復活された主キリストの復活のいのちの息吹なのです。

このような大きな喜びのうちに、弟子たちは主によって、この世のすべての人にもたらされている神の絶対的なゆるしの福音を、宣べ伝えていくキリストの使徒とされたのです。福音書の最後に語られている、これまで見てきたことは、福音書に続く使徒言行録において、弟子たちの枠を超えて世界大に広がっていきます。

3. 聖霊降臨

使徒言行録2章の始めを見ると、ユダヤの五旬（五十日）祭の日に、キリストの使徒たちの上に聖霊が降ったありさまが語られています。

五旬祭の日が来て、一同が一つになって集まっていると、突然、激しい風が吹いて来るような音が天から聞こえ、彼らが座っていた家中に響いた。そして、炎のような舌が分かれ分かれに現れ、一人一人の上にとどまった。すると、一同は聖霊に満たされ、〝霊〟が語らせるままに、他の国々の言葉で話しだした。（使徒言行録2・1－4）

炎のような舌という表現は、ルカ福音書12章のイエスの言葉を想い出させます。

「わたしが来たのは、地上に火を投ずるためである。その火が既に燃えていたらと、どんなに願っていることか」。（ルカ12・49）

イエスのこの願いは、炎の舌のような形で弟子たちの上に降った聖霊の働きによって実現されていきます。聖霊に満たされた弟子たちの言葉を聴いて受け入れた三千人ほどの人たちが、聖霊降臨のこの日、イエスをキリストと信じる信仰に招き入れられたことが語られています。こうして、イエスのあの熱い想いは、使徒たちの宣教を通して、この地上に着実に燃え広がっていくのです。

また、五旬祭のこの日、世界の各地から祭りのためにエルサレムに集まってきた人々は、聖霊に満たされて語る使徒の言葉を聴いて、驚き戸惑ったと語られます。「話をしているこの人たちは皆ガリラヤの人ではないか。どうしてわたしたちは、めいめいが生まれた故郷の言葉で聞くのだろうか」（使徒言行録２・７－８）。

４．バベルの塔からの再創造

この出来事は、旧約聖書の創世記11章に語られているバベルの塔の物語を思い出させます。

世界中は同じ言葉を使って、同じように話していた……「さあ、天まで届く塔のある町を建て、有名になろう。そして全地に散らされることのないようにしよう」と言った。（創世記11・１－４）

しかし、このような人間の企みをご覧になった天地の創造主、支配者である神は言われます。

「彼らは一つの民で、皆一つの言葉を話しているから、このようなことをし始めたのだ。これでは、彼らが何を企てても、妨げることはできない」。（創世記11・５－６）

神は人々の言葉を混乱させ、互いの言葉が聞き分けられないようにされたのです。こうして人類は全地に散らされることになったと語られています。

この物語を下敷きに考えてみると、聖霊降臨の日の出来事は、言語が通じないことによって起こるお互いの間の警戒心を超えて、再び同じ言語によって互いを理解し合うことのできる世界を、創造主である神はその聖霊によって再創造されたと受け止めることができます。

たとえ、言葉の違いを超えて人々が再び自分たちの力を誇るような、いかなる企てを試みようとも、父なる神は、わたしたち人類が互いの意思を尊重し合える世界を望んでおられるのです。

5．別れのみことば

ここまで使徒言行録に沿って、聖霊降臨の出来事を中心に見てきましたが、ここからは主キリストが弟子たちとの別れにあたって語られたみことばに心を止めていきましょう。

聖書の箇所はヨハネ福音書16章からのみことばです。16章7節からの箇所を見ると「しかし、実を言うと」と主は語り始められます。「実を言うと」と言われるのは、「誠にわたしは言っておくが」という意味です。福音書の中でキリストがこのように語り始められる時には、重要な信仰の神秘を啓示される時の決まった言い回しです。気を引き締めて、ここで主キリストのみことばに心を向けたいと思います。

「実を言うと、わたしが去って行くのは、あなたがたのためになる。わたしが去って行かなければ、弁護者はあなた方のところに来ないからである」。

（ヨハネ16・7）

ここで「弁護者」と言われているものは、もう少し先の方まで見ると、真理の霊であると言われています。「弁護者」にしても「真理の霊」にしても、ここで言われているのはそれがパーソナルな存在だということです。少し神学的に表現するなら、ここで語られているのは、他の存在するものたちとは明確に区別された、それ自体がそれ自体として存在するもの、つまりペルソナ（位格）であるということです。

新共同訳聖書のこの箇所の始めにつけられている小見出しを見ると、「聖霊の働き」と記されていて、本文で「弁護者」、「真理の霊」と表現されているのは、聖霊のことなのだという解釈がうかがえます。

それはともかく、「弁護者」にしろ、「真理の霊」にしろ、あるいは「聖霊」にしろ、重要なことは、そのものを指すのに、「それ」とか「これ」という表現ではなく、「その方」という言い方が用いられているということです。つまり聖霊は、キリスト教の信仰を生きる者たちにとって、御霊《みたま》と呼びかけることのできるお方、つまり神である聖霊であるということです。

6．真理の霊

もう一度、弟子たちとの別れにあたっての主キリストのみことばを見ておくことにしましょう。ヨハネ福音書16章12節からのみことばです。

「言っておきたいことは、まだたくさんあるが、今、あなた方には理解できない。しかし、その方、すなわち真理の霊が来ると、あなた方を導いて真理をことごとく悟らせる。その方は、自分から語るのではなく、聞いたことを語り、また、これから起こることをあなたがたに告げるからである」。

（ヨハネ16・12－13）

「言っておきたいことは、まだたくさんあるが、今、あなた方には理解できない」とイエスは言われます。イエスに召されて、その御後に従うようになってから、イエスが語られることを聞いてきた弟子たちは、福音書に語られているように、本当にはイエスの語られることを理解できないでいたのです。彼らの心が、この世の理解の枠を一歩も越え出ることがなかったからです。

「しかし」と主キリストは言われます。「その方、すなわち真理の霊が来ると、あなた方を導いて真理をことごとく悟らせる」。真理の霊、すなわち聖霊は、真理そのものである御父の懐にいて聞いたことを、そのまま告げると言われています。

すべてのものの創造主、すべてのいのちの源である父なる神は、その想いのすべてを、その御子に託され、その最愛の御子をこの世界にお遣わしになり、人となられた御子を通して、わたしたちに語り聞かせてくださっているのです。

7．父が持っておられるもの

ヨハネ福音書16章のみことばは続きます。

「その方（真理の霊＝聖霊）はわたしに栄光を与える。わたしのものを受けて、あなたがたに告げるからである。父が持っておられるものはすべて、わたしのものである。だから、わたしは、『その方がわたしのものを受けて、あなたがたに告げる』と言ったのである」。

（ヨハネ16・14－15）

「父が持っておられるもの」とは、すべてのものの創造主であられる父なる神が、御自分が創造された被造物、なかでも、御自分の息を吹き込まれて、生きるものとされた人間、そのことによって神に似せて造られた、わたしたち人間に対して持っておられる限りない愛の想いです。その愛を、これ以上にない仕方で示すために、最愛の御子を、わたしたち人間が生きているこの世界にお遣わしになることによって示しておられる父なる神の愛の想いです。

御父のその愛をわたしたち人間に伝えるために、人間と同じ肉の姿でお現われになった神の御子は、わたしたちに分かる肉のことばで、御父の愛の想いを語り聴かせてくださったのです。その神の御子のことばをわたしたちが受け入れ、信じることこそができたのは、「その方」、すなわち聖霊がわたしたちの心を開いて、そのみことばを受け入れさせてくださったからです。そのことによって、わたしたちは神がお遣わしになられた人の子イエス・キリストをわたしたちの主と信じる者たちとされたのです。

神の御子はその栄光をこの世界に示し、父なる神のみもとで持っておられる栄光を、この人の世でもお受けになられました。それは十字架に架けられて死に、三日目に死者の中から復活された主キリストの神の御子として持っておられた栄光の、この人の世における顕れであったのです。

復活の主のいのちの息を吹き込まれたイエスの弟子たちは、主の栄光の御姿に接して信じる者たちとされ、「わたしたちは十字架に架けられたイエスが生きておられるのをこの眼で見た、復活された主と出会ったのだ」と証しし始めたのです。

8. 聖霊の働き

彼らのこの証しは、復活されたイエス・キリストが弟子たちに吹き入れてくださった聖霊の働きによって、弟子たちの証しを受け入れたすべての人々の心の内に燃え広がらせます。それは主を信じる者たちの信仰共同体である教会を通して、わたしたちのもとにまで及んでいる聖霊の働きの証しとなっているのです。

このようにして聖霊は、主イエス・キリストに栄光を帰し、そうすることで、主をお遣わしになられた父なる神を、代々にわたって賛美しておられるのです。

教会は、そこに集う人々のうちに、代々にわたって、ともにいてくださる神の御子を囲む永遠の賛美の場となっています。イエス・キリストの使徒とされた弟子たちから始まった教会の集いの中に招き入れられたわたしたちは皆、主キリストに結ばれている神の民として、すべてのものの創造主、わたしたちのいのちの源としての神を、代々にわたってほめたたえるのです。

いつか、わたしたちのこの世の生活が終わるとき、復活の主、イエス・キリストとのいのちの絆で結ばれているわたしたちは、主とともに、アッバである父なる神に、永遠の感謝と賛美の歌をささげるのです。

9. 聖霊の続唱

最後に、聖霊である神をもう少し身近なものとして感じる取るために、カトリック教会の伝統の中で大切に伝えられてきた聖歌であり、聖霊降臨の祭日の典礼で指定されている「聖霊の続唱」を、内容を吟味しながら唱えてみることをお勧めいたします。一度に覚えるのは困難であるならノート等に書き写して唱えてみてはいかがでしょうか。

「聖霊の続唱」

聖霊来てください。あなたの光の輝きで、わたしたちを照らしてください。
貧しい人の父、心の光、証の力を注ぐ方。
やさしい心の友、さわやかな憩い、ゆるぐことのないよりどころ。
苦しむ時の励まし、暑さの安らい、憂いの時の慰め。
恵み溢れる光、信じる者の心を満たす光よ。
あなたの助けがなければ、すべてははかなく消えてゆき、
だれも清く生きてはゆけない。
汚れたものを清め、すさみをうるおし、受けた痛手をいやす方。
固い心を和らげ、冷たさを温め、乱れた心を正す方。
あなたのことばを信じてより頼む者に、尊い力を授ける方。
あなたはわたしの支え、恵みの力で、救いの道を歩み続け、
終わりなく喜ぶことができますように。
アーメン。

（カトリック中央協議会『典礼聖歌集』352番）

第17章

聖霊とわたしたち

1．聖霊信仰の意味

引き続き、キリスト教の教会に伝えられている「聖霊」に対する信仰の内容を見ていくことにいたしましょう。

聖霊に対する信仰の理解の困難さは、聖霊の「霊」という言葉にわたしたちが惑わされてしまうことに、その一因があるからかもしれません。しかし、果たしてそうでしょうか。

聖霊はわたしたちのあまりにも近くにおられる神のありようであって、わたしたちは、いわば「聖霊」である神に包まれて存在しているので、神である「聖霊」を対象として捉えにくいことが、「聖霊」への理解を困難にしているとも言えるのではないでしょうか。聖書に基づいて、このことを見ていくことにしましょう。聖書全体の冒頭には、神による創造の御業《みわざ》が語られています。

初めに、神は天地を創造された。地は混沌であって、闇が深淵の面《おもて》にあり、神の霊が水の面を動いていた。

（創世記１・１－２）

存在するすべてのものが、その姿を現す前に、神の霊がその上にあったのです。神の霊は言葉を発します。

「光あれ」。

（創世記１・３）

こうして、その初めから光に包まれたこの世界が創造されていくのです。

２．いのちあるものとしての人間の誕生

神は言われた。「生き物が水の中に群がれ。鳥は地の上、天の大空の面を飛べ」。

（創世記１・20）

神による創造の世界の中にいのちあるものが誕生していきます。神によって創造された光の世界の中のいのちの世界の頂点に、すべての恵みの最終的受領者として人間が登場します。人間だけが神の創造の御業のすべてを恵みとして受け止めることができるのです。

人間のこの能力は、地の塵から形作られた人間の中に、神がいのちの息を吹き込まれ、それによって人間は生きるものとなったことによります。こうして人間は、神のいのちの息、神のいのちの霊を吹き込まれて、

神と相対して生きる者とされたのです。

神は御自分にかたどって人を創造された。神にかたどって創造された。男と女に創造された。神は彼らを祝福して言われた。

（創世記1・27－28）

聖書のその後の記述には、神と神のいのちの息を吹き込まれて生きる者となった人間のかかわりの歴史が語られていきます。

人間の五感によっては感じ取ることのできない神の意志は、神が人間の体に働きかけることによって人類の歴史の中に実現していきます。聖書に語られている人類の歴史には、創造主である神によって吹き入れられた霊によって、人類の心の内に痕跡を残した創造主である神の働きかけが記されているのです。

旧約聖書の特異な点は、創造主である神のアブラハムという一人の人への特別な働きかけを語ることにあります。

3．一人の人への神の呼びかけ

このことについてはすでに述べたことですが、人類の歴史の中で創造主である神が人類の歴史を導いておられることを示す、最も具体的な点は、アブラハムという一人の人への神の働きかけにあります。神の呼びかけに応えて、神が指し示された土地へと旅立ったアブラハムは、神の祝福を受けて、旧約の神の民、イスラエルの祖となったのです。

これ以降、人類の歴史を導かれる神の働きかけは、アブラハムの子孫であるイスラエルの民がたどった歴史の中で展開していきます。創世記十七章に語られている、神のアブラハムへのことばを見ていきましょう。

「わたしは全能の神である。あなたはわたしに従って歩み、全き者となりなさい。わたしは、あなたとの間にわたしの契約を立て、あなたをますます増やすであろう」。（創世記17・1－2）

「これがあなたと結ぶわたしの契約である。あなたは多くの国民の父となる。あなたは、もはやアブラムではなく、アブラハムと名乗りなさい。あなたを多くの国民の父とするからである。わたしは、あなたをますます繁栄させ、諸国民の父とする。王となる者たちがあなたから出るであろう。わたしはあなたとの間に、また後に続く子孫との間に契約を立て、それを永遠の契約とする。そして、あなたとあなたの子孫の神となる」。（創世記17・4－7）

さらに神の言葉は続きます。

「だからあなたも、わたしの契約を守りなさい」。（創世記17・9）

このように言われた神が求められた契約のしるしは、アブラハムの家に属するすべての男子は血のつながりにかかわらず、その体に割礼を受けるということだったのです。神は言われます。

「それによって（割礼によって）、わたしの契約はあなたの体に記されて永遠の契約となる」。（創世記17・13）

このため、後に、キリスト信者にとっても、この割礼の有無が重要であるかどうかについては初代教会において激しい論争のもとになりました。しかし、使徒たちは聖霊に導かれて、次のように決定を下したのでした。

「聖霊とわたしたちは、次の必要な事柄以外、一切あなたがたに重荷を負わせないことに決めました。すなわち、偶像に献げられたものと、血と、絞め殺した動物の肉と、みだらな行いとを避けることです。以上を慎めばよいのです」。（使徒言行録15・28－29）

4．キリストの宣言

創世記17章に語られていていることをこのように長々と述べたのは、それが今回のもう一つのテーマである、復活されたキリストの弟子たちに対する、洗礼を授けるようにとの命令に関係しているからです。マタイ福音書の最後に響いている復活されたキリストの言葉に耳を澄ませましょう。

「わたしは天と地の一切の権能を授かっている。だから、あなたがたは行って、すべての民をわたしの弟子にしなさい。彼らに父と子と聖霊の名によって洗礼を授け、あなたがたに命じておいたことをすべて守るように教えなさい。わたしは世の終わりまで、いつもあなたがたと共にいる」。

（マタイ28・18―20）

復活されて、すべてのものの主となられたキリストは、父なる神から与えられている神の子としての権能を高らかに宣言されます。弟子たちの前で宣言された主イエス・キリストのこの宣言は、その場で直接にその言葉を聞いた弟子たちの中に結実していきます。「わたしは世の終わりまで、いつもあなたがたと共にいる」。

聖霊降臨によって始まった、使徒とされたイエスの弟子たちの福音宣教によって誕生した教会の中に、復活の主イエス・キリストは世の終わりまで共にいてくださるのです。キリスト教の信仰の世界において、主に呼び集められた人々の信仰共同体である教会の中に、復活の主は今も現存しておられるのです。

5．出会いの経験

カトリック教会で洗礼を受けてキリスト者となった人が、自分自身のキリスト者としての信仰の歩みを振り返ってみる時、まず気付くことは、自分がキリスト者であることの不思議さではないかと思われます。

これまでの自分の人生の中で、キリスト教の教会とのある種の具体的な出会いの経験がなかったなら、自分がキリスト教の信者となることはなかったと気付くはずです。学校教育の場などで一般教養としてキリスト教についての知識を持っていたとしても、それだけではこの自分がキリスト者になることはなかったと思われるからです。

カトリック信者となった人の中には、自分から進んでカトリックの教会を訪ねてみた経験を持っている人も大勢いることでしょう。誰もいない聖堂のベンチに腰を下ろしてみると、いつもの生活では感じることのできない特有の静けさに、身も心も落ち着いていくのが好ましく感じられたかもしれません。そのように恐る恐る入っていった教会において、この自分に声をかけてくれる人がいたなら、それが、この自分と教会との最初の出会いの経験だったのです。

そのようにして、この自分に声をかけてくれたその教会の司祭や先輩の信者の誰かとの会話を通して、わたしたちの多くは、自分がこのような場に入ってもいいのだと感じ、自分の人生の中で新たな居場所を見つけたという経験を持つことができたのです。次第に打ち解けていく雰囲気の中で、初めて教会を訪れたわたしたちは、普段の生活の中でどんなことがあって、教会に足を踏み入れる気になったのか、自分のことを語る勇気が持てたのではないでしょうか。

6．弟子として生きる恵み

そんなわたしたちに、教会の人々はミサの案内や学びの講座を示して、よかったら参加してみるように優しく招待してくれたはずです。こうしてわたしたちは、ずるずると、そしてやがて自ら進んで嬉々《きき》として、教会に通うようになったのです。

そのようにして参加した学びの場で、わたしたちは自分の人生に関わることとして、初めて洗礼ということを真剣に考えるようになったはずです。洗礼がどのようなことを意味するのか、はっきりとした理解はまだないものの、このように自分を受け入れてくれた人々の仲間に加わることができるなら、自分も洗礼を受けてみようと思うようになったのではないでしょうか。

このようなプロセスの全体を通して、復活の主キリストがその弟子たちに約束しておられた通り、信仰の扉を開いて、わたしたちをもキリストに従う弟子たちの一員に加えてくださったのです。

正式に洗礼を受けて、教会の信仰の中でその一員とされたことによって、わたしたちはミサの中でキリストの聖体をいただく資格をいただきました。キリストの聖体を拝領することによって、わたしたちは洗礼の恵みを受けたことを、喜びをもって実感できたのではないでしょうか。

現行の『ミサの式次第』の中で、司式司祭は聖体のパンを取って次のように唱えます。

「皆、これを取って食べなさい。これはあなたがたのために渡されるわたしのからだである」。

ミサに参加しているカトリック信者の人たちは誰一人として、司祭が唱えるこのことばを、司祭の言葉として聴いてはいないのです。わたしたちすべての者のために、父なる神のご命令のままに、そのいのちのすべてを十字架の上で与え尽くしてくださったキリストの最後の晩餐でのことばが、ミサの祭儀の中で響いているのです。

7．キリストの奉献と罪のゆるし

このことがより鮮明に表現されているのは、ぶどう酒の形態によるキリストの御血《おんち》を指し示すことばです。

「皆、これを受けて飲みなさい。これはわたしの血の杯。あなたがたと多くの人のために流されて罪のゆるしとなる新しい永遠の契約の血である」。

ミサはキリストの十字架の死を儀式的に再現するものです。キリストが果たされた唯一のいけにえの再現であり、秘跡的な奉献です。そのことによって、キリストの十字架の死は、今、このミサにおいて、新たに現在化されているのです。

こうして、ミサに参加しているわたしたちは、キリストの十字架の死によって実現された罪のゆるしを、この身にいただいているのです。わたしたちが拝領するキリストの聖体は、十字架の死を超えて復活されたキリストの御体なのです。

「これをわたしの記念として行いなさい」。

キリストのこのことばに促されて教会は、世の終わりまでわたしたちすべての者のために、人となられた神の子イエス・キリストのいのちに結ばれた神の子らとされて、感謝の祭儀をささげ、わたしたちすべてのもののいのちの源である神に栄光を帰しているのです。

第18章 神の歴史への介入

1. 歴史に介入する神

「あなたがたがわたしを選んだのではない。わたしがあなたがたを選んだ」。（ヨハネ15・16）

受難を目前にした主キリストの弟子たちへの別れの言葉の一節です。今回は、このみことばに基づいて聖書が語る、神の選びということについて見ていくことにしましょう。

聖書に語られている神の最も顕著な特徴は、御自分が創造された被造物の世界の中に、その意志を示し続けておられるということです。六日間の創造の御業《みわざ》によって始まったこの世界は、時の流れの中にその歴史を刻んでいきます。けれども、この世界の歴史はいわば自動的に経過していく時の流れによって形成されていくだけではありません。

聖書の歴史観の最大の特徴は、この世界の時の流れが生み出す歴史は、そこに創造主である神が、その意志をもって介入される場であるという捉え方にあります。

2. 神の選び

神による選びということを語る聖書の最も典型的なテキストは、今までに幾度も見てきたように、創造主である神がアブラハム（アブラム）という一人の人間に語りかける神のみことばです。創世記12章の始めには次のようなことが語られています。

主はアブラムに言われた。「あなたは生まれ故郷、父の家を離れて、わたしが示す地に行きなさい。わたしはあなたを大いなる国民にし、あなたを祝福し、あなたの名を高める、祝福の源となるように。……地上の氏族はすべて、あなたによって祝福に入る」。

（創世記12・1－3）

地上の氏族すべてとは、全人類が、ということです。このように見ると、創世記の始めに人祖アダムに与えられた創造主である神の祝福は、アブラハムという一人の人に受け継がれていることが分かるのではないかと思います。ひるがえって、人祖アダムに与えられた祝福のことばを見てみましょう。

「産めよ、増えよ、地に満ちて地を従わせよ」。

（創世記1・28）

一人の人アダムの創造に込められた創造主の意図は、人類全体に広がる祝福を目指すものであったのです。そして、アダムに与えられた創造主である神の祝福は、神の選びを受けたアブラハムとその子孫たちに受け継がれていくのです。

3．全人類への祝福としてのアダム

しかしアブラハムの子孫たちのその後の歩みを見る前に、一旦歩みを止めて、これまで見てきたテキストの中の、一人の人というテーマに注意を向けたいと思います。アダムという一人の人に与えられた創造主である神の祝福は、アダムから始まる全人類に向けられた祝福でした。

同じように旧約の神の民となるべく選ばれたアブラハムに対する祝福は、アブラハムの子孫である、旧約の神の民の歴史の中に引き継がれていきます。このような神の選びの歴史は、長い時を経て、やがて新約の神の民へと受け継がれていくのです。ここではこの間の事情を見ておくことにしましょう。

キリスト教の信仰の中心には、一人の人ナザレのイエスという方が立っておられます。このナザレのイエスと呼ばれていた歴史上の人物について、キリスト教の信仰宣言には、次のような信仰が表明されています。

4．信仰告白

主は聖霊によってやどり、おとめマリアから生まれ、ポンティオ・ピラトのもとで苦しみを受け、十字架につけられて死に、墓に葬られ、陰府《よみ》に下り、三日目に死者のうちから復活し、天に昇って、全能の父である神の右の座に着き、生者《せいしゃ》と死者を裁くために来られます。

（「使徒信条」）

これがキリスト教の教会に受け継がれてきた、イエスという方の全体像です。

キリスト教の信仰を受け入れ、その信仰を生きようと望む人は、ここに表明されている信仰を告白して洗礼を受け、キリスト者となるのです。

カトリックの教会で洗礼を受けた人々は、共同体の信仰祭儀であるミサのたびに、この信仰宣言の祈りを唱え、その信仰に結ばれて生きることを新たに誓い合っているのです。

ミサの中でキリストの御《おん》からだとなった聖体を拝領する前に、彼らは次のような信仰告白を唱えます。

「世の罪を取り除く神の子羊。神の小羊の食卓に招かれた者は幸い」

という司式司祭の招きのことばに続いて、

「主よ、わたしはあなたをお迎えするにふさわしい者ではありません。おことばをいただけるだけで救われます」。

または、次のように唱えます。

「主よ、あなたは神の子キリスト、永遠のいのちの糧《かて》、あなたをおいてだれのところに行きましょう」。

この信仰告白によって、カトリック信者たちは、神の子イエス・キリストの復活によって開かれた永遠の神のいのちを、その身にいただくのです。

イエス・キリストという呼称は、イエスはキリストであるというキリスト教の信仰を最も端的に表明しています。キリストという呼び名は別の言語ではメシアとなります。このメシアという呼称は、「油塗られた者」という意味です。

5. イスラエルの民の王

旧約の神の民の歴史の中で最も忘れることのできない人物は、イスラエルの民の王となったダビデです。旧約聖書サムエル記上16章13節以下を見ると、神の示しを受けた神の人サムエルによって若者ダビデが油を注がれたことが語られています。

サムエルは、エッサイの末の息子のダビデこそがイスラエルの新しい指導者に選ばれていることを確信し、彼に油を注いだのです。この一連の記事の最後には、このようにして神の油を注がれたダビデの上に、その日から神の霊が激しく降るようになったと記されています。

ダビデの行く手は神の霊に導かれ、やがてダビデは旧約の神の民、イスラエルの王となります。このようにして、神の聖なる油を注がれた者メシアという表現は、王を意味することになります。

サムエル記上には、イスラエルの人々が周囲の国々のように、自分たちを守り導く王を立てるようにとサムエルに願った時、イスラエルの主である神は、これを認められたことが語られています。

6．王である神

旧約聖書の詩編の中には、創造主である神を王とたたえる歌がたくさん収録されています。創造主である神こそが天地万物とその中に生きる者たちを治め導く王なのです。わたしたちすべてのものは、その王である神によって守られ導かれる神の国の民なのです。

「教会の祈り」でとなえられている詩篇110には、次のような一節が歌われています。

生まれた日からあなたには王の威厳が備わっている。あなたは朝の露のように生まれ、光り輝く。「メルキゼデクのようにおまえは永遠の祭司」。これはゆるぎない神のことば。

（第一主日　晩の祈り）

ダビデとその後継者ソロモンに誓われた神のこの約束は、時を経て新約の主イエス・キリストによって実を結びます。

福音書の中には、聴き届けてもらいたい願いを持って、イエスのもとに押し寄せて来た多くの、それぞれの苦しみを抱えた人々が登場します。彼らは口々に「ダビデの子よ、わたしを憐れんでください」とイエスに嘆願しています。そのような人々の願いを、いちいち聞き届け、彼らが願った通りのことを、実現してくださることによって、イエスは人々が期待していた通りのダビデの子であることが示されています。

7．ダビデの子

ダビデの子という呼称は、サムエル記下7章に語られている主なる神のダビデに対する約束に基づいています。預言者ナタンを通して神は次のように言われています。

「あなたの家、あなたの王国は、あなたの行く手にとこしえに続き、あなたの王座はとこしえに堅く据えられる」。

（サムエル記下7・16）

福音書では、イエス・キリストはナザレの大工ヨセフの子と言われており、ヨセフはダビデの家系に属するものとされています。ここにも、最初の教会の旧約聖書に基づく、主イエス理解が示されていると言えるでしょう。

ここでもう一度、先に見た「教会の祈り」にある詩編110を振り返ってみることにしましょう。そこでは次のように言われていました。

生まれた日からあなたには王の威厳が備わっている。……「メルキゼデクのようにおまえは永遠の祭司」。これはゆるぎない神のことば。

ちなみに、メルキゼデクという人については、創世記14章17節以下に語られていることを見ておくことにいたしましょう。

アブラハムが甥のロトを捕虜にしていた敵を打ち破って凱旋《がい》した時、次のように述べています。

いと高き神の祭司であったサレムの王メルキゼデクも、パンとぶどう酒を持って来た。彼はアブラムを祝福して言った。「天地の造り主、いと高き神に、アブラムは祝福されますように」。

（創世記14・18－19）

それに応えて、アブラハムはいと高き神の祭司メルキゼデクに、すべての物の十分の一を贈ったと語られています。これがメルキゼデクという人物について、創世記に語られていることのすべてです。そのメルキゼデクについて、先に見たように詩編110には、神の子イエス・キリストに関わる重要な事柄として取り上げられているのです。

8．メルキゼデクの祝福の意味

アブラハムに対する祝福を考えていく中で最も注目すべきことは、「メルキゼデクのようにおまえはとこしえの祭司」ということばです。神の民イスラエルの王となったダビデと、その後継者である若い頃のソロモンは、イスラエルの民を王として守り導き、神の王国の目に見えるしるしとなっているだけではありません。常に神の御前にあって、民のために執り成しの祈りをささげています。

さらに、彼らは神の神殿において民のために民の前で神にいけにえをささげる祭司でもあります。神の民イスラエルの王は、同時に、神の民のために取り次ぎをする祭司でもあるのです。こうしてメルキゼデクの祝福は、アブラハムを始祖とするイスラエルの王において実現するのです。ここまで創世記に語られているメルキゼデクとダビデを始めとする、旧約の王との関わりを見てきました。

メルキゼデクについては、新約聖書ヘブライ人への手紙により詳しく述べられているので、ここからはヘブライ人への手紙に語られていることを見ていきましょう。ヘブライ人への手紙の主張の要点は、主イエス・キリストこそが旧約のレビ族の祭司にはるかに勝る永遠の大祭司であるということです。

ヘブライ人への手紙7章には次のように述べられています。

「主はこう誓われ、その御心を変えられることはない。『あなたこそ、永遠に祭司である』」。

（ヘブライ7・21）

さらには次のように語られています。

「あなたは、いけにえや献げ物を望まず、むしろ、わたしのために体を備えてくださいました。……『御覧ください。わたしは来ました。聖書の巻物にわたしについて書いてあるとおり、神よ、御心を行うために』」。……この御心に基づいて、ただ一度イエス・キリストの体が献げられたことにより、わたしたちは聖なる者とされたのです。

（ヘブライ10・5－10）

以上のような考察の結論として、ヘブライ人への手紙の著者は次のように勧めています。

わたしたちには神の家を支配する偉大な祭司がおられるのですから、心は清められて、良心のとがめはなくなり、体は清い水で洗われています。信頼しきって、真心から神に近づこうではありませんか。
（ヘブライ10・21－22）

そして最後の勧告は続きます。

約束してくださったのは真実な方なのですから、公に言い表した希望を揺るがぬようしっかり保ちましょう。
（ヘブライ10・23）

9．王であるキリスト

イエス・キリストは過越の小羊として、十字架の上に、そのいのちをささげられ、イエスがアッバとお呼びしていた、全能の神である御父によって死者の中から復活させられ、御父の右の座に挙げられて、すべてのものの王となられたのです

最後に新約聖書エフェソの信徒への手紙の使徒のことばに耳を傾けましょう。

天地創造の前に、神はわたしたちを愛して、御自分の前で聖なる者、汚れのない者にしようと、キリストにおいてお選びになりました。イエス・キリストによって神の子にしようと、御心のままに前もっ

てお定めになったのです。　（エフェソ１・４－５）

なんと壮大な神の御計画であることでしょうか。

メシアは救い主です。洗礼によって、キリスト者とされたわたしたちは、十字架の上で広げられたキリストの両腕に抱き取られ、十字架のイエス・キリストに抱かれた者たちとして、イエス・キリストの復活のいのちの中に立ち上がらせていただいたのです。十字架の死を超えて復活された主イエス・キリストの過越の神秘に、わたしたちもあずからせていただいているのです。

救いとは、救い上げて、抱き取るということです。わたしたちは皆、イエス・キリストの十字架の死から復活のいのちへの過越の神秘にあずかる者とされ、復活の主イエス・キリストのいのちの鼓動をこの身に感じ取り、同じいのちの鼓動に結ばれて、神の子らのいのちの絆に結ばれているのです。

こうして、天地創造の初めから神の御計画なさっておられたことは、わたしたちの中に実現しているのです。わたしたちは、わたしたちの救い主イエス・キリストの復活のいのちに結ばれて、神の子らとされているのです。

第19章

キリスト教信仰の核心

本章はこれまで述べてきた全体のまとめというよりは、余禄のようなものとご理解いただけたらと思っております。

内容は、カトリック教会に伝えられてきたキリスト教信仰の内容と、その中で聖書がどのような位置を占める書物であるのかというようなことになります。

1．聖書を理解する方法

わたしたちの国でも最近は大きな一般書店の宗教書のコーナーには、幾種類かの聖書の翻訳本が並んでいます。キリスト教に関して、まったく予備知識がない人や聖書がキリスト教の経典であることを知らない人はほとんどいないことでしょう。

キリスト教について、ある程度の興味がある人は、聖書を読んでみようと思うのではないでしょうか。そうやって聖書を手にして読み始めてみても、多くの方はとても自分には歯が立たないと感じてしまうのではないでしょうか。わたしたちの一般常識をもってしては、とても理解できないようなことが聖書には語られているからです。

聖書を手にして自分なりにそれを読み始めた人の中に、もっと聖書に書かれていることを理解したいという思いが生きているなら、その人は聖書の解説書を読んでみようと思ったり、自分より詳しい誰かに尋ねてみようと思ったりするのではないでしょうか。他の誰かからの助けなしには、自分一人で聖書を理解することは無理だと思い知らされるからです。聖書は、初めからそのような書物であったのです。

このことの事情を探るために、使徒言行録８章26節以下に語られている、エチオピアからの巡礼者と教会の最初の助祭の一人であるフィリポ（使徒言行録６・５）との対話を見ていくことにしましょう。

2．聖書の手引きを求めた宦官

エチオピアの女王カンダケの全財産の管理を委ねられている宦官が、エルサレムへの巡礼の帰途、馬車に乗ってお経を唱えるように声を出して旧約聖書の預言者の言葉を朗読していたのです。聖霊に促されたフィリポは、「読んでいることがお分かりになりますか」（使徒言行録８・30）と尋ねます。するとその人は、「手引きしてくれる人がいなければ、どうして分かりましょう」（使徒言行録８・31）と言って、フィリポの手引きを求めたのです。その人が朗読していたのは、旧約の預言者の次のような言葉であったといわれています。

「彼は、羊のように屠り場に引かれて行った。毛を刈る者の前で黙している小羊のように、口を開かない。卑しめられて、その裁きも行われなかった。だれが、その人について語れるだろう。彼の命は地上から取り去られるからだ」。（使徒言行録8・32－33）

質問者はフィリポに言います。

「どうぞ教えてください。預言者は、だれについてこう言っているのでしょうか。自分についてですか。だれかほかの人についてですか」。（使徒言行録8・34）

この問いかけに答えたフィリポのことばが、これに続いて述べられています。

そこで、フィリポは口を開き、聖書のこの個所から説きおこして、イエスについて福音を告げ知らせた。（使徒言行録8・35）

フィリポがここで告げたことは、彼自身が宣教に派遣された最初の教会で受け入れた福音だったのです。ここに、カトリック教会に伝えられている聖書の読み方の一端が示されているように思えます。

3．ローマ・カトリックの一致のしるし

カトリック信者たちはカトリック教会の教えの枠内で聖書を読んでいくのです。カトリックの教会と出会

って、そこで洗礼を受けたいと思うようになった人は、その準備として入門講座に参加するよう勧められます。入門講座の内容は、カトリック教会に伝えられているキリスト教の信仰の要点の学習に充てられます。その中で受講者は、カトリック教会における聖書の読み方を学んでいくのです。

さらに洗礼を受けることを望む人は、日曜日のミサに参加するよう勧められます。

ミサの中で聖書の決められた箇所が朗読されます。ローマ・カトリック教会の特徴は、日曜日ごとに朗読される聖書の箇所があらかじめ決められており、全世界どこのカトリック教会においても、同じ聖書のことばが朗読され、ミサの参加者は、その日朗読される聖書のことばを、自分たちに向けて語りかける神のことばとして受け止めているのです。

ちなみに、日曜日ごとに朗読される聖書の箇所がどのように決められているのかということも、ローマ・カトリック教会の特徴をよく表しています。

ローマ・カトリック教会においては、バチカンの教皇庁の中にミサを始めとするカトリック教会の典礼儀式を取り扱う専門の部署があり、そこの専門委員会でカトリック教会全般の儀式に用いられる式文が決められているのです。

さらに、各国・各地域にも典礼儀式を専門に扱う委員会があって、バチカンの決定に従って、各々の地域の教会のための翻訳や適応を決定し、バチカンの認定を受けた上で、その地域で使用する典礼式文を公布しているのです。いかにも堅苦しく官僚的な感じがするかもしれませんが、典礼に用いられる式文がいかに重要な役割を持つものかということが、このようなことからも分かるのではないかと思われます。

4．復活の主イエス・キリストとの出会い

さて、このような典礼式文とその中で用いられる聖書朗読箇所の指定は、復活祭（イースター）と主の降誕（クリスマス）を極とするカトリック教会の一年間の「季節」によって決められているのです。

イースターは、言うまでもなくキリスト教信仰の中心をなすイエス・キリストの復活という出来事を祝うキリスト教の最も大切な祭日です。十字架にかけられて死んだイエスは、しかし、イエスが「アッバ、父よ」とお呼びしていた全能の神の力によって復活し、十字架の上の師イエスを見捨ててしまった弟子たちに、御自分が死の闇を越えて復活していることを示されたことが福音書には語られています。「わたしたちは主を見た！」。十字架のイエスを見捨て、自分たちの保身のみに走ったイエスの弟子たちは、今や、真の意味で彼らの主となられた復活のイエス・キリストと出会い、閉じこもっていた部屋から解き放たれ、いのちをかけて、自分たちが見たことを宣言する者たちとなったのです。弟子たちが経験したこのようなことの全てがキリスト教信仰の原点です。

十字架の上に、自分たちをそのおそば近くに召し出し、教え導いてきてくださった師イエスを見捨ててしまった、悔いても悔いきれない、自分たちの過ちを一言も責めずに、自分たちのもとに戻ってきてくださったキリストを、

「わたしの主、わたしの神よ」　（ヨハネ20・28）

と心開かれて、迎え入れることのできた弟子たちは、真実イエスの愛のうちに、身も心も包まれ、自分たち

がゆるされるということがどれほどの愛の恵みであることか、愛とは、どのようなことであるかを悟ることができたのです。さらには、自分を十字架の刑に処した者どもを、十字架の上に広げられたその腕の中に迎え入れようとしておられる神の愛を悟ることができたのです。

5. 信仰の核としての神の愛

こうして、神の愛は、わたしたち人間のいかなる忘恩にも優るものであることを真実悟ることになります。ここに、イエス・キリストがこの世界にもたらされた、喜びの知らせ、福音の真の価値が余すことなく示されているのです。

神は愛である。

（一ヨハネ４・７－21参照）

ヨハネの手紙が教えているこのキリスト教信仰の核こそ、すべてのキリスト教信者たちの心の拠りどころであるのです。

旧約聖書の神は裁きと怒りの神であって、新約聖書の神は愛とゆるしの神であるという見方は、確かに妥当と思われる点があります。聖書を細かく見ていくと、確かにこのような印象を与える箇所が数多くあります。

けれども、キリスト教の教会に伝えられている聖書の読み方は、その全体を読み通さなければ聖書が語ることの真の意味は分からないということであるはずです。聖書が告げる真の価値を理解するためには、奇異に聞こえるかもしれませんが、その終わりから読むことが良い方法であるということです。

6．ミサを通して初代教会から現代へ

聖書全体は旧約聖書と新約聖書から成っています。カトリック教会のミサの中では、まずその日の福音と関連すると思われる旧約聖書の中の一節が朗読され、詩編が歌われた後に続いて、新約聖書にある使徒書が朗読されます。

新約聖書の使徒書には、パウロを始めとする最初期のキリスト教の宣教師たちが各地の教会に書き送った手紙が収められています。使徒書の朗読を聞くことによって、この時代の各地のキリスト教の教会の状況を知ることができます。現代の教会とそれほど違うところのない、最初期の教会の状況の中に生きていた信徒たちに、使徒たちが書き送った手紙は、当時の人々が受け入れた、キリスト教の信仰を生きるための指針を与えています。

一貫して説かれていることは、いかなる状況にあっても、わたしたちが受け入れたキリスト教の信仰を大切に守り通すためには、忍耐とそれを支えるに足る希望を持ち続けるということです。初めてキリスト教の信仰を受け入れた頃の初心に戻って、そこで見出すことのできた救い主イエス・キリストの限りない愛と、その愛に応えようとしたあの頃の決意に立ち戻って、受け入れたキリスト教信仰への熱意を失うことのないようにということです。

このようにして、現代社会の中に生きるキリスト者たちは、初代教会のキリスト者たちの足跡に従うことを学んでいくのです。ミサの中で福音書に続いて使徒書が朗読されることには、このような意味があると思

われます。ミサの中で行われる説教も、このような初代教会の福音宣教の努力を今の時代に継続していると言えます。

7. 福音の実りは絆の祈りの中で

福音のメッセージは、現代社会に生きるわたしたち一人ひとりの生活の中に受け入れられることによって、その実を結んでいくのです。それも、個々人のわたしたちが、福音のメッセージを、どこまで自分の生活の中に受け入れているかという反省よりも、わたしたちが、どのようにそれを受け止めていったら良いのかということに集中すべきであるのかもしれません。

そのような反省の中で、自分たちの現実は、とても福音に適ってはいないという思いがあるかもしれませんん。そこからわたしたちのミサの主宰者であるイエス・キリストへの願いの祈りが沸き起こってくれればと思います。祈りを共にすることによって、わたしたちの主イエスの弟子たち同士の絆に結ばれていくのです。

最後に、聖書を理解するために良い方法は、その章節の最後から読むのが良いと言ったことの例証として、ヨハネ福音書の冒頭を飾る、いわゆる「みことば賛歌」といわれる部分を改めて読み通したいと思います。

8. ヨハネ福音書「みことば賛歌」

初めに言《ことば》があった。言は神と共にあった。言は神であった。この言は、初めに神と共にあった。万物は言によって成った。成ったもので、言によらずに成ったものは何一つなかった。言の内に命があった。命は人間を照らす光であった。光は暗闇の中で輝いている。暗闇は光を理解しなかった。

神から遣わされた一人の人がいた。その名はヨハネである。彼は証しをするために来た。光について証しをするため、また、すべての人が彼によって信じるようになるためである。彼は光ではなく、光について証しをするために来た。その光は、まことの光で、世に来てすべての人を照らすのである。言は世にあった。世は言によって成ったが、世は言を認めなかった。言は、自分の民のところへ来たが、民は受け入れなかった。しかし、言は、自分を受け入れた人、その名を信じる人々には神の子となる資格を与えた。この人々は、血によってではなく、肉の欲によってではなく、人の欲によってでもなく、神によって生まれたのである。

言は肉となって、わたしたちの間に宿られた。わたしたちはその栄光を見た。それは父の独り子としての栄光であって、恵みと真理とに満ちていた。ヨハネは、この方について証しをし、声を張り上げて言った。「『わたしの後から来られる方は、わたしより優れている。わたしよりも先におられたからである』とわたしが言ったのは、この方のことである」。わたしたちは皆、この方の満ちあふれる豊かさの中から、恵みの上に、更に恵みを受けた。律法はモーセを通して与えられたが、恵みと真理はイエス・キリストを通して現れたからである。いまだかつて、神を見た者はいない。父のふところにいる独り子である神、この方が神を示されたのである。

（ヨハネ1・1－18）

ヨハネ福音書は、「初めに言《ことば》があった」と始まっています。次いで「言は神と共にあった。言は神であった」（ヨハネ1・1）と語られています。ここに語られている言は、言一般ではなく、神である言であることが、ここで分かります。

さらに読みすすめていくと、次のように続いています。「万物は言によって成った。成ったもので、言によらずに成ったものは何一つなかった」（同1・3）と強調されています。ここまで読んでくると、旧約聖書・創世記に語られている「光あれ」（創世記1・3）、という創造主である神のみことばのことが、ここでは言われているのだと合点がいくのではないでしょうか。

ヨハネ福音書には、続いて次のように語られています。「言の内に命があった。命は人間を照らす光であった」（ヨハネ1・4）。ここまで読んできて、再び霧に包まれたような感じがするかもしれません。

しかし、次のように続いているのです。「光は暗闇の中で輝いている」（同1・5）。輝く光は現在のこととして語られているのです。しかし暗闇は、その光を理解しなかったのです。

イエスの先駆者である洗礼者ヨハネのことを語った後、ヨハネ福音書は次のように続けています。「言は世にあった。世は言によって成ったが、世は言を認めなかった」（同1・10）。

さらにここで語られていることが、どのような意味であるのかを明らかにするために次のように語られています。「言は、自分の民のところへ来たが、民は受け入れなかった」（同1・11）。

旧約聖書を読んできた人は、ここに語られている、言は自分の民のところに来たが、その民は受け入れなかったと言われているのは、シナイ契約によって神の民とされたイスラエルの人々のことであると分かるのではないでしょうか。

そして、ここまで見てきたヨハネ福音書の「みことば賛歌」は、一気に終曲を奏でます。「しかし、言は、自分を受け入れた人、その名を信じる人々には神の子となる資格を与えた。この人々は、……神によって生まれたのである」（ヨハネ1・13）。

そして、その人々は次のように言うことができるのです。「言は肉となって、わたしたちの間に宿られた。わたしたちはその栄光を見た。それは父の独り子としての栄光であって、恵みと真理とに満ちていた」（同1・14）。

キリストを神の独り子と認めることができた人々にとって、わたしたちの間に宿られたインマニエル（「神は我々と共におられる」という意味。マタイ1・23参照）であるイエス・キリストこそが、わたしたちすべての者にとっての真のいのちの恵みであるのです。

イエス・キリストに結ばれて、神の子らとして、お互いの一致と協力のうちに平和を実現していくことが、今や、みことばを信じて受け入れた、わたしたちの使命となるのです。

終わりに

人生の終焉が眼前に感じられるようになった今、最も望むことは心のうるおいを取り戻すということです。現実の生活に押しつぶされた苦々しい想いを抱いたままでは、神さまの御前に出ることはできません。わたしたちカトリック信者としての信仰の世界は、そこにわたしたちの全てを知っておられる神さまが現存し導いていてくださる世界です。

わたしたちが生きているこの世界を抱き取るために、自らその中に身を投じ、わたしたちの行く手を切り開いてくださった主が現存しておられる世界です。その主に、わたしたちの行く手を全て委ねて、残された人生を生きてゆきたいと想います。

二〇二四年九月十日

吉池好高

著者紹介

吉池好高（よしいけよしたか）

カトリック東京教区司祭。

1941年長野県生まれ、1970年司祭叙階。著書に『みことばに聴く　主日の福音説教集』（教友社、2022年）、『ミサの鑑賞——感謝の祭儀をささげるために』（オリエンス宗教研究所、2018年）、訳書に『使徒的勧告 愛のよろこび』（教皇フランシスコ著、吉池好高訳、カトリック中央協議会、2017年）、絵本として『クリスマスのインタビュー』（作：吉池好高、絵：土屋 富士夫、女子パウロ会、2003年）などがある。

「信仰の世界」へのエクソダス
——現代に生きる人のためのキリスト教入門——

●

2024年11月１日　初 版 発 行

著　者　吉池好高
発行者　オリエンス宗教研究所
代　表　Ｃ・コンニ
〒156-0043　東京都世田谷区松原2-28-5
☎ 03-3322-7601　Fax 03-3325-5322
https://www.oriens.or.jp/
印刷者　有限会社 東光印刷

ISBN978-4-87232-124-1　Printed in Japan

オリエンスの刊行物